朝日新書
Asahi Shinsho 980

脳を活かす英会話
スタンフォード博士が教える超速英語学習法

星　友啓

朝日新聞出版

はじめに

◉──全問正解の人は要注意

この本を手に取っていただきありがとうございます。
さっそくですが、以下の質問にお答えください。

質問1 下線部と同じ発音を持つ単語を選びなさい。

She used a knife to <u>cut</u> the rope.

① sat ② love ③ set

質問2 次のうちアクセントの位置が違う単語を選びなさい。

① depend ② editor ③ capital

質問3 次の文章の誤りを直しなさい。

He watchs TV every evening.

質問4　あなたが英語を学ぶ目的は何ですか？

1．ネイティブ英語を話す。
2．仕事やプライベートで使える英語を身につける。
3．ひまを潰す。

　お答えいただきありがとうございます。最後の質問が2の人は、そのまま読み進めてください。ここで要注意なのは、質問1〜3の問題が見慣れている人。特に、全問正解の方は要注意です。
　なぜなら、**ここで問われている英語の知識やスキルは実用的な英語を学ぶのに必要なく、それどころか、やりすぎると逆効果になってしまうからです。**
　私が勝手に思い込んで言っているのではありません。これまでの英語学習の研究から明らかになっていることなんです。

◉──脳を活かした英語学習

　こんにちは、星友啓です。
　私はスタンフォード大学にある中高一貫校の校長を務めています。名前はスタンフォード・オンラインハイスクー

ル。テクノロジーと世界の教育のフロンティアでチャレンジを続け、近年、オンラインの学校でありながら、全米トップの進学校として認知されるようになりました。そんな仕事柄、子どもから大人まで、勉強法の研究と実践を行うのが、私の毎日の日課です。

　世界屈指のスタンフォード大学という「地の利」を活かして、最新の脳科学や心理学を研究し、学校や職場など、学生や社会人の学びの現場に、シンプルながら効果の高い学習メソッドを発信しています。

　本書のテーマは、効率的な英語学習法。多くの私たち日本人にとって、英語の学習は悩みの種になりがちです。使える英語を身につけたい。でもなかなか思うようにいかない。英会話やテキスト、YouTubeやオンラインクラス。いろいろ試してみてはいるけど、これという決め手に欠ける。その上、忙しい日常の中で時間を確保することが難しく、学習が長続きしない。

　学生のとき勉強したといっても、そのとき習得したレベルと実践レベルの英語までのギャップが大きく、それだけに、新たに頑張ってみるのだけれど、思うように英語力が伸びない。大変な英語の勉強に対するやる気もそう長くは続かず、挫折の繰り返し。

　そんな体験は私たちの多くにとって、ごくありきたりな体験です。

そこで本書は、**最新の脳科学や心理学、外国語学習の研究と、最近身近になりつつあるAIツールを駆使して、コスパ良く、楽しく英語を身につける方法を解説します。**

　本書を通じて、英語をただのスキルとしてではなく、自分の世界を広げるための「ゲーム」として捉えていただければ幸いです。その攻略法を一緒に学んでいきましょう。

◉──AI時代の独学法

　AIや通訳アプリでけっこうコミュニケーションが取れそうだから、いっそのこと英語力を身につける必要はないのでは？

　こうした疑問もしばしば聞かれるように、最近ではAIの翻訳ツールを使えば、英会話が全くできない人でも、なかなかのレベルの意思の疎通が可能になりました。さらに、会話でなくて、メールなどの文字のやりとりであれば、さらに高度なやりとりも可能です。

　しかし、AI翻訳ツールのコミュニケーションは、まだまだプライベートやビジネスの実践会話に取って代わるレベルにはほど遠く、限定的にしか役立ちません。

　また、会話で信頼関係を築き上げたり、プライベートで楽しいつきあいを続けていくためにはやはり、生身の英会話スキルが必要です。

一方で、ChatGPTなどの最近のAIツールのおかげで、英語の学習をするにあたり、これまでは一人でやるのが難しかった英会話やライティングの練習が、タダ同然に、自分のスキマ時間でサクッとできるようになりました。
　忙しいビジネスパーソンでも短時間で効率的に、自分がやりたいときに独学で学習を進めることができるのです。

　つまり、AIがあるから英語を学ばなくていいのではなくて、**AIがあるから今こそ英語を学ぶべきなのです。**
　AIを活用した英語学習の新しいアプローチをどんどん活用していきましょう。
　例えば、ChatGPTなどの対話型AIは、いつでも自分の質問に答えてくれ、必要な英語のフレーズも提案してくれます。マルチモーダル（複数のデータ情報を統合処理するシステム）なので、文字のコミュニケーションだけでなく、実際に喋って聞いての練習も可能になりました。
　本書では、**AIツールを使った英会話の練習法はもちろん、英単語記憶ツールの作り方やリーディングやリスニングのためのAI活用法など、幅広いテクニックを解説していきます。**

◉──日本人特有の課題と克服法

　ところで、現在アメリカに住んでいる私ですが、もとも

と日本生まれの日本育ち。同じく日本生まれ日本育ちの両親も、英語は喋れませんでした。そして、私がアメリカに渡ってきたのは24歳になってからのことでした。

　だから、もちろん私も日本人ならではの英語習得の難しさや苦労を身に染みて感じてきたわけです。さらに、自分だけでなく、アメリカで出会った多くのビジネスパーソンや学者の皆さんの同じような苦労も間近で見てきました。

　例えば、発音や文法に対する過度なこだわりが、かえって英語力の向上を妨げてしまう。さらに、学校教育で骨まで染みついた「正しい英語を話す」「間違ってはいけない」という意識がプレッシャーになり、実践でのコミュニケーションの邪魔になってしまいがちだったりもします。慣れ親しんだ英語フレーズが会話の中でなかなか出てこないのはそうした原因によるものです。

　この点は、私たちの体験の中でも感じられると同時に、これまでの英語学習の研究でも広く確認されてきました。

　本書では、**そうした日本人特有の課題をどのように克服していくべきか**ということについても取り上げていきます。

　文法や発音にとらわれすぎず、実際に使える英語を学ぶ方法、そして日本人の強みを活かした英語学習のアプローチについて解説しています。さらに、誤った学習法に陥らないための注意点や、効果的なアウトプット環境の作り方も紹介しています。

もちろん、冒頭での小テストのような英語の勉強がどうしてダメなのかについても、最新の研究から説明します。

◉──ビジネスでもプライベートでも役立つフレーズ

　それから、せっかく英語を学んでいただくならばぜひ、生きた英語の表現や、うまくて気の利いた言い回しを学んでいただきたい。そして、ワクワクする英語のコミュニケーションを楽しみながら、ハッピーな英語学習を体験してもらいたい。

　そういった思いから、日本で習う英会話では意外に出くわさないカンタン便利フレーズや、ネイティブも粋に感じるスマートな英語表現など、厳選して本書に収録しています。**プレゼンテーション、会議、メール、プライベートの日常会話など、様々な場面で活用できるものばかりです。**

　AI時代の新しい学習アイテムをゲットして、科学的な勉強のゴールデンルールを使う。そうやって英語を「ゲーム」として楽しみながら、ビジネスシーン、プライベートで使える実践英語を楽しく身につけてください。

　本書を通じて、皆さんの英語学習が新たなステージへと進む手助けができれば幸いです。

脳を活かす英会話
スタンフォード博士が教える超速英語学習法

目次

はじめに

全問正解の人は要注意　3
脳を活かした英語学習　4
AI時代の独学法　6
日本人特有の課題と克服法　7
ビジネスでもプライベートでも役立つフレーズ　9

Stage 1 | 7つのゴールデンルール
AI時代の独学術

①ネイティブ英語を目指さない　20

世界の英語の99.9%はナマっている　20
必要ないことばかり学んでしまう前に　22
ネイティブじゃないほうが有利な理由　25
発音も文法も不完全がベスト　27
忘れていい無駄な発音&文法13　29

②英語のテストを受けてはいけない　34

英語学習は脳にとってベストな快楽　34
2種類のやる気を見極める必要性　36
テストの点を追いかけてしまう理由　37

減点マインドセットが英語の敵　39
　ネイティブだって間違えるフレーズ10　41

③日本の英語学習の強みと弱み　48

　日本人が得意な2技能　48
　実践の場でリスニングが難しい理由　49
　アウトプット環境がない日本の弱み　51
　必要な単語量はすでに学んでいる　52
　科学が示した日本人の英会話習得に必要なもの　54
　和訳せずに英語を使うためのトレーニング　56
　必ずモノにしておきたい日常頻出フレーズ21　58

④やる気の続くアウトプットの環境作り　64

　持続可能なやる気の3つの源　64
　英語力はネットワーク作り　66
　楽しみながら作れるアウトプット環境　68
　人助けと英会話の最強タッグ　70
　英会話有料サービスの本当のメリット　71
　見知らぬ人に英語で話しかけるコツ　73
　絶対マスターしたい"鉄板"スタートフレーズ8　75

⑤無料でできる独学アウトプット英会話　80

　今すぐダウンロードするべき無料の英会話　80
　会話練習のプロンプトの作り方　81

自分の伸び代を生成AIに教わる　85
無料のChatGPT英会話おすすめ設定18　86

⑥脳科学に基づく英単語リトリーバル記憶法　90

英単語を覚えられない理由　90
リトリーバルを使った効果的な記憶法　92
スペーシングで最大限の成果を得る　94
単語の記憶はテクノロジーでアシスト　95
単語復習用のおすすめプロンプト3　100

⑦オリジナルの リーディング&リスニング問題作り　107

自分のレベルにできる長文読解問題　107
本格的なリスニング問題も超速作成　108
オリジナルで超便利なリスニング教材作り　110

Stage 2 　脳が欲するフレーズ スーパークールなビジネス英語

①周りを気遣う優しいビジネスフレーズ　118

ビジネス英語で心の3大欲求を満たす　118
さらっと助けの手を差し伸べる　122

チームワークを活かすフレーズ　125

②プレゼンで使えるスマート表現　128

英語のプレゼンで気をつけるべきこと　128
プレゼンでついつい言いがちなNGフレーズ　128
プレゼン開始のスターター・フレーズ　132
オープニングから話題に切り込んでいく常套句　134
クロージングの決まり文句ベスト5　137

③会議が楽しくなる！
　知って得するキラーフレーズ　139

英語の会議の始め方　139
会議前の雑談からうまく会議を始める方法　141
みんなの議論を促す表現　144
自分の発言のいいタイミングとうまい切り出し方　146
ヒートアップした議論に割って入る　150
次のトピックに移りたいとき　152
会議の上手なまとめ方　154

④失敗しないビジネスメールのテンプレート　157

意外に知らない英語ビジネスメールの書き方　157
絶対知るべきメール構成の基本　158
メールの書き始めのルール　160
絶対外さない挨拶の"鉄板"フレーズ　163

メールをきれいに締める方法 166
迷ったら語数が少ない表現を 170
メールの用件を切り出すためのフレーズ 172
失礼なくリクエストを伝える表現 176
ビジネスに必須な上手な「No」の伝え方 181
メールの締めに向かって次のステップを伝える 186
ビジネスメールは5文でOK 187
生成AIでビジネス文書を書く 190

⑤ 超クールなビジネス頻出フレーズ29 194

コラボ&チームワーク 195
ストラテジー&プランニング 196
問題解決&意思決定 199
イノベーション&変化 200
評価&測定 202
リソース管理 203

Stage 3 | ラリーが続く！ナチュラル英語の日常会話

アクティブ・リスニングで
会話の沈黙をなくそう 206

自然な会話が難しい 206

①Focus：相手の話に集中していることを示す 208

「繋ぎの言葉」の4つの要素 208
共感を示す"鉄板"合いの手フレーズ 210
相手を尊重する合いの手 212

②Empathy：相手の気持ちを理解したことを伝える 215

認知的共感とは何か 215
スマートに共感できる便利なフレーズ 216
決めつけるような言い方はしない 218

③Paraphrase：相手の話を言い換えたり、まとめて確認する 220

パラフレーズで会話のラリーを促す 220
パラフレーズの役立ちフレーズ10 221
アドバイスは控えるように 223
相手の話がわからないときこそ話すべし 224
思い込みをベースにキャッチボールを続ける 227

④Question：相手の発言を確認したり、より詳しく聞いてみる 230

「受け」から「返し」でラリーを作る 230
発言の終わりは質問で締める 231
ラリーを続ける魔法の一言フレーズ 233
話の腰を折らないように 235

気まずい沈黙を避けるベストテクニック 236

いったい何を話せばいい？ 236
スモールトークが役に立つ 237
ちょっとした話題の切り出し方ベストカテゴリー8 239
備えあれば沈黙なし 242

さらっと断るカジュアルフレーズ 244

キツく聞こえてしまう断り方には要注意 244
丁寧な断り方の基本 246
便利な断り方のフレーズ 247
うまい会話の終わらせ方 250

おわりに 255

巻末付録 259

Stage 1

7つのゴールデンルール
AI時代の独学術

①ネイティブ英語を目指さない

◉──世界の英語の99.9%はナマっている

　現在世界で英語を使っている人たちは約15億人と言われています。世界の80以上の国や地域で公用語の一つとされ[*1]、インターネットのコンテンツの半分が英語[*2]。言うまでもなく、英語は世界中で最も広く使われている言語です[*3]。

　一方で、そのうちネイティブスピーカーと言われる英語を第1言語とする人たちの数は4億人程度。残りの11億人が、ネイティブでない人たちです[*4]。つまり、世界の英語話者の3分の2くらいはノン・ネイティブになるわけです。

　さらに、イギリス英語に関して言えば、「スタンダード」とされるイギリス英語を話す人たちは現在では全国民の3%程度です[*5]。イギリスの人口が6700万人ほどなので、およそ200万人しかいないことになります。

　全体の英語話者15億人に比較すれば、およそ0.13%の人たちしかスタンダードな英語を話していないことになります。これだけレアなものって、世間を探してもなかなかありません。

ネイティブと言われる母国語の英語話者の中にもそれなりにバリエーションがあるわけで、世界の3分の2にあたるノン・ネイティブについてはなおさらです。要するに、それぞれの言語圏や文化圏で、非常にバリエーション豊かな発音や文法で英語が使われている。こうしたバリエーション豊かな英語によって、世界中で学問やビジネスが行われ、国際色豊かなコミュニケーションがなされているのです。

　世界の英語のコミュニケーションの大半が、そうしたノン・スタンダードな英語で成り立っているのは、先ほどの数字を見れば明らかです。そしてそのような英語のコミュニケーションは、スタンダードとされる発音や文法から様々な形で逸脱しています。
　それでもなおかつ、お互いの理解がしっかりと成り立ち、コミュニケーションが成り立っている。

　いったい、なぜなのでしょう？

　世界の15億人の人々が話すバリエーション豊かな英語の共通点とはいったい何なのか？　それを科学的に探究するのが「リンガ・フランカ」(Lingua Franca) という名で進められてきた、一連の研究です。

母国語を共有しない者同士が、スタンダードから逸脱した英語を話しても、互いの理解を損なうことなく、豊かな英語のバリエーションを保ちながら、スムーズなコミュニケーションを取れる。そんな「リンガ・フランカ」でのコミュニケーションとはどんなものなのか？　完璧な英語ではないのに、相手のアメリカ人が自分の話を理解できるためには、どの要点を押さえておけばいいのか？

　そうした研究が21世紀に入ってから活発に行われてきました。*6

◉——必要ないことばかり学んでしまう前に

　例えば、本書冒頭の発音問題を思い起こしてみましょう。「She used a knife to <u>cut</u> the rope.」に現れている「cut」の母音の発音と同じものを「① sat　② love　③ set」から選ぶ問題です。

　答えは②になります。③は「セット」で「エ」の発音なので、除外にしても、①と②は日本語発音からすれば、どちらも「サット」と「ラブ」で「ア」の音になり、迷いどころです。しかし、①が「/æ/」の音で、「ア」と「エ」の間の音にあたり、②は「/ʌ/」で喉の奥にこもった強く短い「ア」の音で、これが「cut」に共通しています。受験英語の頻出問題ですよね。

日本語だと同じ「ア」になってしまうのに「/æ/」とか「/ʌ/」なんて、英語の発音は難しい……。そう、ネイティブの「スタンダード」な英語を求めれば、それは難しい。
　しかし、なんと、どちらの発音で「She used a knife to cut the rope.」を言っても理解が損なわれることはありません。世界の実践英語ではネイティブでもノン・ネイティブでも、どちらで発音しても問題ないのです。
　このように母音に関しては「sit」や「seat」など、音が長いか短いかは重要である一方、日本語読みして同じような音の違いは理解に支障がないことが知られています[*7]。

　さらに、「① depend　② editor　③ capital」の3つの中からアクセント（強勢）位置が違う単語を選ぶ問題。こちらは第2音節にアクセントがある①が正解になります。
　しかし、**アクセントの位置がスタンダードからずれていても、理解を損ねることはありません。そればかりかアクセントの位置をスタンダードから全くずらさないように固執しすぎると、理解がしにくくなってしまいます**[*8]。文脈によって、アクセントが変わってくるような場合に柔軟に対応できなくなってしまうからです。

　こうした点は、発音だけでなく、文法的なことにも関係しています。「He watchs TV every evening.」は、現在形の三人称単数形を正しく作らなければならないので、

Stage 1　7つのゴールデンルール〜AI時代の独学術

「watchs」ではなく「watches」としなければなりません。

　しかし、「三単現」は、理解の妨げにならない。また、しばしば、ネイティブでさえ間違えて話しているのです。

　これまでのリンガ・フランカ研究は、こうした例に見られるように、世界の共通語としての英語の本質を明らかにしてきました。

　これまでの英語教育は、スタンダードな英語があって、いかにそれに近づけられるか、もしくは近づけないと通じない、というような前提に立ってきました。これは日本の英語教育に限ったことではありません。

　しかし、グローバル化の中で、英語が世界の共通言語として機能している。国や文化を超えて、多様な英語のバリエーションが使われていても、実用的かつ効果的なコミュニケーションが成り立っている。

　そうしたグローバル英語のコミュニケーションには、これまで学校で習ってきた発音や文法のルールのすべては必要でない。それだけでなく、それらにこだわっていると、かえって、コミュニケーションが阻害されてしまう。

　このような現代の英語の新しい姿が、ここ数十年で明らかにされてきたのです。

　しかし、まだまだこれまでの英語教育は、こうした研究結果に基づいてアップデートできていない。発音も文法も、世界の99.9%の英語話者が使っていないスタンダード英語

を求めて、実用的な英語に必要のないところをじっくり、たっぷり、学ばされている。それが、現在の英語教育の現状なのです。

◉──ネイティブじゃないほうが有利な理由

「いやいや、それでもネイティブ英語かっこいいし、目指しちゃうよね」
「使えても現場でカッコ悪く思われたらビジネスにもプライベートにも支障が出るでしょ」

そう思っている読者の方々。いくつかお伝えしておくべきことがあります。

まず、発音でネイティブかそうでないかは、英語を勉強していない人でもわかる。それぐらい私たちの言語感覚は、発音のネイティブかそうでないかの違いに敏感なのです。

そして、発音は改善するのが非常に難しい。これは様々な研究で示されていて、年齢を重ねれば重ねるほどさらに難しくなっていきます。

改善するだけでもそれほど大変な上、人間の耳はちょっとしたネイティブとの違いにも敏感。つまり、ネイティブの域に達するのは"不可能に近い"というわけです。

一方で、第2言語として英語を学ぶ私たちだからこその

アドバンテージが、いくつもあります。ノン・ネイティブ英語のほうが、グローバルビジネスの現場でネイティブ英語よりも理解されやすく、ノン・ネイティブのほうが他のノン・ネイティブを理解しやすい[*11]。[*12]

つまり、私たちが第2言語として英語を習得すると、グローバルの舞台では、ネイティブたちより理解されやすく、相手のことも理解しやすいということです。

それから私自身もたくさん経験しましたが、多くの人たちがノン・ネイティブとわかってくれるので、より理解しようと、話に耳を傾けてくれる。これはかなり大きなアドバンテージです。

私が初めてアメリカで大学院の授業を取ったときのこと。哲学のディスカッションに参加しなくてはいけなかったのですが、周りのネイティブのアメリカ人たちは、話している人をなかば遮って話し始めたりなど、けっこう荒々しいマナーでした。しかし、私が話し始めたときには、話を遮ったりしようとする人などおらず、ゆっくりとたどたどしい英語でも、しっかり最後まで耳を傾けてくれることが多々ありました。

もちろん、すべての実践の場がそうなるわけではありません。ですが、そこそこ多くの場合に、理解しようとしっかり話を聞いてもらえる。これは非常に大きなメリットです。

実際に、ネイティブ同士の会話のほうが誤解が生まれやすく、ノン・ネイティブを交えた会話のほうが誤解が少ない、といった研究報告もあるくらいです。[*13] ネイティブだと思われてしまっては、自分の主張が誤解されやすくなってしまうということです。

　つまり、そう、**求めるべきはネイティブの英語ではないのです。グローバルな英語コミュニケーションに効果的な生きた英語を学ぶべきで、これまでの英語教育の要領ではマイナス面や無駄が多すぎるのです。**

◉——発音も文法も不完全がベスト

　私は、スタンフォード大学のあるシリコンバレー・ベイエリアにやってくる、日本人研究者や駐在員の方々と多く知り合ってきました。英語圏で生まれたり、若いときに海外に在住していた人たちもいますが、多くが日本生まれ、日本育ちの方々です。

　そうした皆さんはあまたの英語テストを攻略してきた強者。文法は完璧で英単語の量もあり、時間をかければきれいな発音で、正しい文法の英語を話すことができます。

　にもかかわらず、日常やビジネスのコミュニケーションの場で堂々とした英語が喋れるのはほんの一握りで、皆さんが苦労しておられます。

そんな中、うまく英語を使いこなせる人の特徴は、やはり、**発音や文法の正確さはそこそこにコミュニケーションを取ることにフォーカスしていること**です。

　まさに、ここまで紹介してきたリンガ・フランカ研究の成果そのもの。細かい発音や文法は怪しくたってなんのその。堂々と流暢にアメリカ人を含め世界中からの人たちと、ビジネス、アカデミア、プライベートを謳歌している人たちがいます。

　例えば、私の大好きな飲み仲間に、東大でもスタンフォードでも私の先輩にあたる方がおり、アメリカで起業されて、ベイエリアで活躍しておられます。

　マブダチなので本人の同意＆許可つきで言わせてもらいますが、英語の発音はお世辞にもうまいとは言えず、文法も喋り英語では三単現のエスなんかはお構いなしといった感じです。

　あるとき彼が、CEO自ら自社の家電製品の展示販売を行う姿を拝見することがありました。「マシーン」(machine)と発音するところを「マスゥイーン」となんとも言えないキュートな発音で何度も言い続け、相手のアメリカ人が苦笑いしていたことが非常に印象的でした。ただ、熱意を持って楽しそうに話し続けて、結局そのアメリカ人は２台の「マスゥイーン」を買っていったのです。

英語は、そもそもコミュニケーションの道具です。その時々の目的に応じたコミュニケーションを心がけて、その目的を達成するために使うもの。そして、その目的のためには、正確な発音や文法は必要ないのです。

　さらにこれは私の経験ですが、**少々の間違いは、ノン・ネイティブのご愛嬌で自分のキャラクターの一部として受け入れてもらえたりもします。**
　大学院生のときにアメリカ人の彼女ができたことがありました。そうした関係に発展したのも、私が英語をあまり喋れないので、いろいろ面倒を見てもらっているうちに、だんだん距離が近づいていったから。私が流暢な英語を話していたら、そういう流れにならなかったのは間違いありません。

　ノン・ネイティブであることに引け目を感じて、ネイティブの英語を求め続けるのは無駄どころか、逆効果です。
ノン・ネイティブなりのいいところを本書で知っていただき、その良さをたった今から活かしていこうではありませんか。

◉——忘れていい無駄な発音&文法13

　ここまで述べてきたように、グローバルな英語コミュニケーションの場で必要がなく理解の妨げにもなりかねない、

ネイティブ英語の発音や文法例が少なからずあります。いったんここで、これまでのリンガ・フランカ研究でわかってきた主だったところをリストアップしておきましょう。今後の英語学習や英会話に役立ててください。

〈発音に関すること〉*14
- 子音の発音の区別は重要だが、「this」や「thin」などの「th」の音の違いは理解に影響しない。
- 母音の長い短いは重要。「sit」の「イ」と「seat」「イー」の違いが大きい。
- 子音の発音は、単語の最初と真ん中が大事。最後の子音は発音が違ったり、省略されても理解に影響しない。例えば、「just」が「ジャス」でも全く問題ない。
- 母音の発音は、日本語発音で差がないものには差をつけなくても理解に支障なし。「/æ/」や「/ʌ/」など同じ。
- 単語のどこにアクセント（強勢）を置くかは理解に影響しない。あまり固執するとむしろ理解を妨げる。
- 「you and I」の「and」を弱く読んだりする「弱形」や、「hot tea」を「ハッティー」のようにつなげて発音したりする連続発音の類は使えなくても理解されるし、使った場合、逆に理解を妨げる場

合も。
- 文章のどの内容を強調するかは、非常に大事。

〈文法に関すること〉[*15]

- 三単現の「s」の変化は、理解に影響を与えない。
- 関係代名詞は、「who」か「which」かなどを間違えても理解OK。
- 「a」「an」などの不定冠詞や「the」の定冠詞を、入れるべきところで入れなくても、もしくは入れないところで入れても、理解に支障をきたさない。
- 付加疑問文で聞き方を間違えてもOK。「They should be responsible, isn't it?」でも大丈夫。本来なら「shouldn't they?」。
- 前置詞が不要なところに入れてもOK。「We discuss about the future of Japan.」でも理解に支障なし。
- that節が使えない動詞に使うのもアリ。「I want to play tennis.」を「I want that I play tennis.」などと言っても理解OK。

こうした点はそれぞれ興味深く、知っておくと便利なこともあるかもしれませんが、それよりも、発音や文法の細かい点がいかに問題にされないかを肝に銘じて、ネイティブ英語にこだわってしまう英語学習のプレッシャーから解

放されることが最も大切です。

＊1　Ethnologue. (June 16, 2023). The most spoken languages worldwide in 2023 (by speakers in millions) [Graph]. In *Statista*. Retrieved August 30, 2024, from https://www.statista.com/statistics/266808/the-most-spoken-languages-worldwide/

＊2　https://en.wikipedia.org/wiki/List_of_countries_and_territories_where_English_is_an_official_language

＊3　https://w3techs.com/technologies/history_overview/content_language/ms/y

＊4　https://www.ethnologue.com/language/eng/

＊5　Trudgill P (2002) "The sociolinguistics of modern RP." In P. Trudgill, *Sociolinguistic Variation and Change* (pp. 171-180). Edinburgh: Edinburgh University Press.

＊6　Jenkins J, Cogo A, Dewey M (2011) "Review of developments in research into English as a Lingua Franca." *Language Teaching*. 44 (3): 281-315. doi:10.1017/S0261444811000115

＊7　Jenkins J (2005) "Teaching pronunciation for English as a Lingua Franca: A sociopolitical perspective."

＊8　Jenkins J (2005) "Teaching pronunciation for English as a Lingua Franca: A sociopolitical perspective."

＊9　Major RC (2007) "Identifying a foreign accent in an unfamiliar language." *Studies in Second Language Acquisition*. 29:539-556.

＊10　Munro M, Derwing T (2011) "The foundations of accent and intelligibility in pronunciation research." *Language Teaching*. 44:316-327. 10.1017/S0261444811000103.

＊11　Charles ML, Marschan-Piekkari R (2002) "Language training for enhanced horizontal communication: A challenge for MNCs." *Business Communication Quarterly* 65.2:9-29.

＊12　Sweeney E, H Zhu (2010) "Accommodating toward your audience.

Do native speakers of English know how to accommodate their communication strategies toward nonnative speakers of English?" *Journal of Business Communication* 47.4:477-504.

*13 Jenkins J, Cogo A, Dewey M.(2011) "Review of developments in research into English as a Lingua Franca." *Language Teaching*. 44:281-315. 10.1017/S0261444811000115.

*14 Jenkins J.(2005). "Teaching pronunciation for English as a Lingua Franca: A sociopolitical perspective."

*15 Jenkins J, Cogo A, Dewey M(2011) "Review of developments in research into English as a Lingua Franca." *Language Teaching*. 44:281-315. 10.1017/S0261444811000115.

②英語のテストを受けてはいけない

◉──英語学習は脳にとってベストな快楽

　英語に初めて触れて、ワクワクするような気分を感じている子どもを想像してみましょう。

　アルファベットが、ひらがなとぜんぜん違って、まるで秘密の文字を見つけたみたい。先生がカラフルなカードを使ってゲームみたいに教えてくれて、すごく楽しい。友達と「Hello!」とか「Good morning!」なんて、いつもとは違う言葉で話せるのがなんだかカッコいい。

　それに、英語がわかるようになったら、外国の人とも話せるようになる。そう思ったら、もっともっと英語を知りたくなった。英語の勉強って、まるで大冒険みたいで、なんだか楽しい！

　このように新しいことを学んでワクワクした、もっとやりたくなった、そんな体験は誰もが持っています。それもそのはず、私たちの脳は新しい学びを求めるようにデザインされています。

私たちが新しいことを学んだとき、脳の中で神経伝達物質のドーパミンが分泌されます。*16 ご存知ドーパミンは「快楽物質」と呼ばれていて、「幸せだなあ」「気持ちいいなあ」などの感覚はこの物質のおかげです。

　言われてみれば、わからなかったことが理解できたり、難しいスキルをマスターできたりしたときに嬉しかったり、スカッとしたりしますね。それはまさに新しいことを学んだときに、私たちの脳の中でドーパミンが分泌されているからなのです。

　そしてドーパミンが「気持ちいい」私たちは、自然とドーパミンが分泌されやすい行動に向かって動機づけられる。つまり、ドーパミンは、私たちのやる気の源になっているのです。

　そうした脳のメカニズムに基づいて、私たちの脳は新しい学びを求めている。初めて英語に触れたワクワク感ややる気は、まさに誰もが持っている脳の動機づけのメカニズムが発揮された結果だと言えるのです。

　言い換えれば、**私たちの脳は、英語学習の気持ちよさを求めてやる気マンマンになるようにデザインされているのです。**

◉──2種類のやる気を見極める必要性

うーん、英語学習のドーパミン。わかったんだが、なんだかモヤモヤが否めない。

私たちの脳がそんなに英語学習にやる気が出るようにメカニズムされているのなら、どうして、英語が嫌いになってしまったり、やる気が長続きしないといった悩みが出てきてしまうのか？

それは、私たちの勉強の仕方に原因があります。**英語嫌いややる気切れになるのは、テスト漬けの英語学習をしてしまっているから。**

学生のころであれば、中間試験に期末テスト、受験のテスト。社会人になっても資格試験や検定試験に、留学用の英語テスト。様々なテストがあって、みんなそれに向けて勉強しています。

テストがあるから焦りが出て、眠い目をこすりながら、忙しい中英語の勉強ができる。もはや、テストなしの勉強は考えられない。

しかし、そのテスト漬けの英語勉強の環境が、私たちの英語へのやる気を壊してしまっているのです。

なぜでしょうか。それを理解するために、私たちのモチベーションのメカニズムについて解説しておきましょう。

まず、私たちのやる気には2種類あります。

一つ目のやる気が、「内発的なやる気」。これは、それをやること自体に動機づけられている状態のことです。

例えば、前述のような**初めての英語のワクワク感も、英語に触れること自体を楽しく感じているので、内発的なやる気のたぐいです。**

これに対して、もう一つのやる気が、「外発的なやる気」。こちらは、何かをやること自体ではなく、それをやることによって発生する報酬や罰に動機づけられたやる気です。

例えば、「お手伝いしたら小遣いもらえるからやろう」は、お手伝い自体ではなく、それから発生するお小遣いに動機づけられているので、外発的なやる気です。

同様に、何かをやって得られる地位やステータスを求めたり、罰や不都合から逃れようと動機づけられている場合も、外発的なやる気ということになります。

そのため、**「英語能力テストの点を上げたい」「検定試験に合格したい」という気持ちは外発的なやる気**ということになってしまいます。

◉──テストの点を追いかけてしまう理由

うーん、だからどうしたの？　テストがあるから焦りが出て、勉強やらなくちゃと思ったり、良い点が出て自己肯

定感が上がったり、外発的動機づけも良さそうだけど……。何か問題でもあるんですか？

　はい、それが大問題なのです。**外発的動機づけは短期的には非常に強いのですが、長続きせず、無理に外発的な動機づけを長期的に続けていると、心や体への悪影響のリスクが上がってしまいます。**

　例えば、お金による経済的な動機づけを求め続ける傾向が強い人は、総合的な自己肯定感が低くなりがちで、うつや不安を抱えやすい[17]。

　ステータスや見た目の良さなどを求める場合も同様。精神面以外にも頭痛や肩こりなどの身体的健康にも影響が出たり、友人、恋愛、家族など、人間関係にも問題が生じたりすることが報告されています[18]。

　つまり、外発的なテストの動機づけで一時的にやる気が出たり、それによりいい点が取れて自己肯定感が上がったとしても、それで良しとはいかないのです。テスト漬けの英語学習は、長期的には逆効果になってしまいかねないのです。

　さらに、**外発的な動機づけは内発的なやる気を壊してしまうことも知られています**[19]。

　人のためになることが嬉しくて始めた仕事だけれども、「売り上げ」「売り上げ」と言われているうちに、数値的な

成果ばかりに気を取られてしまうようになる。

　そんなふうに、内発的な動機づけは、外発的な動機づけに簡単に乗っ取られてしまいます。

　同様に、最初は英語に対してワクワクした内発的やる気を持っている人でも、**英語資格やテストの点などの外発的な動機づけに晒(さら)され続けると、もともとの内発的やる気が薄れてしまい、テスト重視の外発的なやる気に乗っ取られてしまうのです。**

　そうなってしまうと、やる気が長続きせず、英語が嫌いになったり、無理して長期的に続けてしまうと、心や体へのリスクが生じたりしてしまうのです。

◉──減点マインドセットが英語の敵

　テスト重視の英語学習は、私たちの内発的なやる気を削ぎ落としてしまうだけでなく、私たち日本人の英語能力を偏らせ、総合的な英語力を低くしてしまいます。

　例えば、テスト偏重の英語学習は文法や和訳、読解などに偏りがちで、ライティング、スピーキングなどのアウトプット型の英語力につながらない。

　さらに、「間違えてはいけない」「間違えれば点数が減る」という意識を私たちの脳裏に焼きつけてしまい、その結果、実際の英語でのコミュニケーションに支障をきたしてしまいます。

「自分が日本語で考えていることを正確に伝えられているのか?」
「相手の言っていたことを正確に理解できているのか?」
　私たちは、テストの減点方式の刷り込みにより、そういったプレッシャーと常に闘っています。
　しかし、そんな状態では、タイミング良く相手の言葉に受け答えできず、たどたどしいコミュニケーションになってしまったり、無言になってしまうのも無理はないのです。

　そもそも、日本語で喋っているときでも、自分の感じていることをうまく伝えられているのかわからなかったり、相手の言っていることを完全に理解できない状態で会話が続いていくことはよくあることです。
　そもそも、自分を表現したり、相手を理解することは簡単なことではありません。それがゆえに、会話のキャッチボールが必要で、トライアル&エラーを繰り返し、調整しながらコミュニケーションを進めていくわけです。
「うーん、なんか、強烈に悲しいってわけでもないし、胸が苦しいっていうほどでもないんだけど」
「なんとなくわかるなー。どことなく切ない感じなのかなあ」
「そうそう、どことなく切ない」
　こんな感じで、互いに曖昧(あいまい)な気持ちを言い表しながらも、言葉を出し合う中で、会話が成立していき、自分の気持ち

を表現できているか、相手の気持ちをわかっているかが明らかにされていくのです。

　自分の母語の日本語でもそうなのに、英語にだけ「**正確に伝えられているか？**」「**正確に理解できているか？**」などと意識すれば、第2言語である英語のほうに、より高いハードルを設定していることになってしまいます。テスト偏重の減点マインドセットで英語に向かっていては、いつまで経っても自分の言葉として話せるようにはなりません。

　そのため、まず強く意識しておくべきなのは、**英語の正確さにこだわってはいけない**ということ。コミュニケーションをしていく中で、不正確な部分があれば、それを正しくする機会が生まれる。というよりむしろ、コミュニケーションはもともと互いの理解を改善するためのプロセスで、最初から正確さにこだわっていては本末転倒なのです。
　とにかくコミュニケーションを始めて、うまくつなげていくことが大事で、正確さなどは二の次なのです。

◉——ネイティブだって間違えるフレーズ10

　思い返してみれば、日々のコミュニケーションは日本語話者同士であっても、完璧な発音や文法といったものからほど遠いわけです。

日本語でも少し間違えて発音したり、こちらが言った一字一句を相手が聞いていなくても、会話の前後や雰囲気で言いたいことを理解してもらえるわけです。

　このことは英語のネイティブにとっても同じです。しょっちゅう文法間違いをしたり、発音間違いをしたりしているのです。

　中にはあまりにも頻出する「間違い」なので、日常会話の一部として確立しているようなものまであります。ここでは参考に、文法は間違っているものの、ネイティブが非常によく使うため日常会話の一部になっているような10の表現を紹介しましょう。

　実際にネイティブが使ったときに、パニックにならずに正しく理解できるように役立ててください。

---

1. There's a lot of cars around the building.
（ビルの周りにたくさんの車がある）

　正しくは複数形の「There are a lot of...」とならなくてはいけないのですが、単数形の「There's」が使われています。このように単数か複数かで受ける動詞が少し間違ってしまっても理解が妨げられることは非常に少ないです。

---

2. The exam was real tough.

> （テストが本当に難しかった）

正しくは副詞の「really」を使わなくてはいけないところですが、形容詞形の「real」で同じく形容詞の「tough」を修飾している表現です。これもよく使われます。あえて使ってみてラフな感じを装ってみるのもオツです。

> 3. I am doing good.
> （いい感じです）

こちらは「How are you?」や「How's it going?」などの挨拶に返すときに使う表現です。文法的には「doing well」としなくてはいけませんが、形容詞の「good」が入っています。こちらもカジュアルで非常によく出くわす表現です。

> 4. I got it for free.
> （タダでもらった）

文法的には「I got it free.」で「for」がない形が正解ですが、これもしばしば日常会話に入ってきます。このようにネイティブの間でも前置詞はけっこういい加減で、「He's married with her.」（正しくは「He's married to her.」)「I'm going to discuss about the issue.」(正しくは「I'm going to discuss the issue.」)「She's different than me.」(正しくは「She's different from me.」)などなどの表現にしばしば出くわします。あまり気にしすぎずにガンガン話して、誤解が生じそうになったらはっきりさせるような心持ちでいいのです。

---

5. This is just between you and I.
   (このことは君と私の間だけということで)

「ここだけの話ね」みたいなときに使う言葉ですが、文法的に正しいのは「between you and me」となります。前置詞の後なので、「I」が「me」でなくてはいけません。しかし前置詞の後でも「you and I」という表現を使うネイティブが非常に多い。正しく「between you and me」と言うと少しぎこちなく聞こえてしまうくらいです。

---

6. He didn't say nothing important.
   (彼は何も重要なことを言っていない)

正しくは「He didn't say anything important.」という文ですが、「何も言っていない」という語感を

強調したくて、つい「nothing」が口をついて出てしまう。こちらもよく使われる表現です。「何も言っていない」の否定だから何か言ったのかな？ そんなふうに考え込んでしまうと逆にこちらが間違ってしまいます。

7．I could care less.
（全く関心ないね）

本来の意図のためには「I couldn't care less.」と言わなくてはいけません。「気にするのをこれ以上少なくできない」つまり、「全く気にすることができない」という意味です。しかし、そうとは言わずに「I could care less.」としばしば言われます。直訳で理解すると、「より少なく気にすることができる」というわけですので、気にしているかの如き意味にも解釈できるかもしれないのですが、言い間違いが口語化した表現なので、これはこれで押さえておく必要があります。

8．He don't like it.
（彼はそれが嫌です）

ネイティブも三単現のエスがゆるかったりします。

三単現のエスがちょっと間違ってもあまり気にならないとのこと。受験英語の意識で、自分にプレッシャーをかけないように！

> 9. The problem is is that...
> （問題なのは、）

この表現に続けて、何かしらの問題を指摘する表現です。正しくはもちろん「The problem is that...」と「is」が一つの表現です。こちらもしばしば出てくる文法間違いで、「二重繋辞」（double copula）という名前までついています。「The fact is is that...」（事実のところ、）や「The truth is is that...」（真実としては、）なども同様の表現でよく聞かれます。

> 10. That's a whole another story.
> （全く別の話）

正しくは「a whole other story」か「another whole story」とならなくてはいけませんが、「a whole another story」とか「a whole nother story」と言ったします。特に後者は聞いたことがないと想像もできないかと思うので気をつけましょう。けっこうよく聞く表現です。

さて、このセクションは「英語のテストを受けてはいけない」と題して、資格試験や認定テストを最終目的とする英語学習の悪影響を解説してきました。

　ポイントは、大型テストを目標にした外発的な動機づけだけでは長続きせず、英語のコミュニケーション上達につながらないということです。

　一方で、学びのツールとして日々の勉強の中に小テストを組み込んでいくことは効果的です。英語のコミュニケーションへの内発的なやる気を保ちながら、学習ツールとしてこまめにテストを使って勉強していくやり方を、この後じっくりと解説していきましょう。

---

*16　Dehaene S (2020) *How We Learn: Why Brains Learn Better Than Any Machine … for Now*. Viking: USA.

*17　Kasser T, Ryan RM (1993) "A dark side of the American dream: Correlates of financial success as a central life aspiration." *Journal of Personality and Social Psychology*, 65(2), 410-422.

*18　Kasser T, Ryan RM (1996) "Further Examining the American Dream: Differential Correlates of Intrinsic and Extrinsic Goals." *Personality and Social Psychology Bulletin*. 22(3):280-287.

*19　Deci EL (1971) "Effects of externally mediated rewards on intrinsic motivation." *Journal of Personality and Social Psychology*, 18(1):105-115.

③日本の英語学習の強みと弱み

◉──日本人が得意な2技能

　誰でも長所と短所があって、私たち日本人にも英語学習に対する強みと弱みがあります。それを理解しておくことが、効果的な英語習得の近道になります。

　まず、**強みとして挙げられるのが、文法とリーディング**。こちらは、TOEIC（トーイック）、TEAP（ティープ）、GTEC（ジーテック）、TOEFL（トーフル）などのメジャーな英語能力テストの分析から明らかにされてきました。[20]

　やはり、前述のように英語学習のテスト文化の中で、英語能力の評価基準がこれまで文法や読解力に偏ってきたことが背景にあると考えられます。

　また、テストや英語教育において「英文和訳」が重視されてきた背景も無関係ではないと言われています。英文を見た途端、学習してきた文法や単語を駆使して日本語の文章に直す。そうした作業が日本の英語学習の基礎になってきました。

その「訳読」メソッドで英語のテキストを読んでいく。つまり、文法と単語の知識によって、英語の読解が日本語の読解に変わっていく。そうなると、もともとの日本人の読解力の高さはPISAなどのテストでも折り紙つき。和訳された内容から、リーディングを攻略していくことができるわけです。

　また、日本人のリスニングスキルは、まんざらでもないことがわかっています。こちらも前述のメジャー英語能力テストで見られる傾向で、リーディングの次にスコアが高いのがリスニングになっています。[21]
　リーディングとリスニング。つまり、日本人はインプット系のスキルに、比較的強みがあると言えるのです。

●──実践の場でリスニングが難しい理由

　しかしここで、日本人のリーディングとリスニングスキルがまんざらでもないというのは、意外な結果に思われる読者も多いのではないでしょうか。テストで英語が聞き取れていたとしても、実際に生の英語で話しかけられると、ちんぷんかんぷんで、あたふたしてしまう。リスニングは日本人の英語の弱みなのではないか？
　そしてこうした反応は、どうして私たちがテストでできるリスニングを、実践英語の場面で苦手に感じてしまうか

の根幹をついています。肝心なのは、私たちが個々の英会話の文脈に馴染みがあるかないか、ということです。

　前述のように、普段日本語で会話をするときも、私たちは全てを聞き取り、全てを理解しながら話しているわけではありません。多くの場合、聞き取れていないところがあったり、完全には理解できないことが出てきます。

　しかしそれでも問題なく会話が成立する。その理由は、普段の日本語の会話に慣れている、つまり、普段の会話の文脈をよく理解しているので、全てを理解せずとも、要所要所で聞き取ったところから全体を推測できるからです。また、普段の慣れた実感から、緊張したり、あたふたすることもありません。

　一方、英会話ではどうでしょう。テストのリスニングは何度も繰り返し練習できて、似たような題材で似たような問題が出てくる。それゆえリスニングの練習をするうちに、テストのリスニング問題に出てくるような会話の文脈を身につけることができます。その上でテストを受けるので、私たちのリスニングの成績が意外に良いわけです。

　しかし、実践の英会話ではテストのリスニングでカバーしていないような文脈が出てくる。つまり、聞き取れない部分を補う文脈が身についておらず、全体を把握することができない。そうなってしまえば、さらにあたふたして、余計に聞き取ることができない。

　このように、テストでのリスニングの点が案外良いにも

かかわらず、私たちが実践でのリスニングに苦手意識を感じてしまうのは、実践の英会話に触れる機会が少なすぎるので、日常の会話を円滑に行うために必要な文脈の理解ができていないからだと推測できるのです。

◉──アウトプット環境がない日本の弱み

こうした議論からもやはり想像に難くないように、**日本人の英語の弱みは会話や作文などのアウトプット系のスキル**です。アウトプットの機会が少ないので、英会話のスキルがインプット系に偏ってしまう。こちらも、前述のメジャー英語能力テストの同様の分析結果から読み取ることができます。

例えば、TOEICの結果で言えば、CEFR(セファール)（Common European Framework of Reference for Languages、ヨーロッパ言語共通参照枠）の国際基準で中級レベルの読解力がある受験者は全体の6割程度である一方、会話や作文が同じレベルに達している受験者は3〜4割程度。TOEFLなど他のテストでは、もっと大きな差が見られたりもします。[22]

とにかく**日本では学んだ英語をアウトプットする日常の機会が断然に少ない。**

今でこそ英語検定試験などでスピーキングやライティングが強調されるようになってはきたものの、まだまだ学習

の現場レベルでは十分な機会があるとは言えません。

　高校での英語の指導法を調査した報告によると、上位ベスト５は音読、発音練習、文法、読解にリスニング。音読や発音は声に出すのでアウトプット的で、英語の会話力の基礎固めにはなるかもしれませんが、やはり自分の考えを英語で述べたり、相手の話に返答したりといった実践のアウトプットの機会は与えてくれません。

　一方で、生徒が自分で考えてスピーキングやライティングでアウトプットする指導は「英語での会話（生徒同士）」がトップで14位、次の15位が「自分のことや気持ちや考えを英語で書く」で、初めてライティングの要素が入ってきます。[*23]ここにも英語を使って会話をしたり、作文をしたりするアウトプットの機会が少ないことが表れています。

　そしてもちろん、学校以外での日常の英語アウトプットの機会もまだまだ限られています。大都市や観光地に行けば多くの外国人を目にするものの、英会話や英作文などでコミュニケーションをする機会は、多くの日本人にとってまだまだ少ないのが現状です。

◉——必要な単語量はすでに学んでいる

　一方で、使える英語が話せるようになるための単語の量、

つまり語彙に関しては、日本の学校で学ぶ量でおおかた十分であることがわかってきました。

例えば、2020年の学習指導要領の改訂で小学校での英語教育が必修化されました。それによって学生が高校卒業までに学ぶ英単語は4000〜5000語に増えました[*24]。改訂以前は3000語程度だったので、非常に思い切った改革だったわけです。

この語彙量をどのように捉えたらいいか。最近まで蓄積されてきた研究データに即して見ていきましょう。

これまでの研究からは、英語の会話や文章をしっかり理解するためには、登場する単語の95〜98％を知っている必要があることが明らかにされていました[*25]。

では、一般的な英会話や英語の文章の単語の95〜98％くらいを知っておくためには、どれくらいの単語数の知識があればいいのか？

例えば、標準的な映画であれば、3000語で95％、6000語で98％[*26]。つまり、学習指導要領改訂前の高卒の英単語量でもなかなかの理解ができるレベルであり、改訂後の人たちにおいてはだいぶいい感じです。同様に、TVは3000語で95％、7000語で98％[*27]。英語の歌なら、95％が2000語で、98％が4000語です[*28]。

また、TEDTalkや大学の授業などのアカデミックな英語であれば、96％が4000語で、98％が8000語となって、多少増量が必要になります。

Stage 1　7つのゴールデンルール〜AI時代の独学術

そしてお待たせ、平均的な日常会話は95％が3000語で、98％が5000語！

つまり、高校までの英単語の量で、英語の一般的なやりとりはかなりの精度で可能なわけです。改訂前に学校で英語を学んだ人たちも、日常会話の量としてはOKで、改訂後の人たちは、さらに隅々まで理解が行き届くというわけです。

もちろん、高校までに学ぶ英単語がすべて高卒の私たちの頭に残っているわけではないし、誰もが高校まで勉強するわけでもありません。

ですから多くの場合、3000〜5000語の英単語の多くを記憶し直したりして、使いこなせるようにしなければなりません。

ただし使える英語を身につけるための基礎となる英単語の教育レベルということで言えば、英単語に関しては、私たち日本人はけっこういい線まで行っているということです。

◉──科学が示した日本人の英会話習得に必要なもの

ならば、どのような点にフォーカスして英語の学習をすれば効果的なのか。

これまで見てきたポイントを、いったんまとめてみまし

よう。

- エリートの英語話者も発音や文法は大まか。ネイティブもけっこう間違える。
- 日本人は文法も強いし、それに基づく読解も強い。
- 日本人はリスニングテストは意外と得意。実践リスニングは練習チャンスがないので苦手。
- 日本人は英語の語彙量もそこそこあり、足りない分を補えばいいだけ。
- ただしアウトプット系の英語スキルが弱い。アウトプットの機会が少ないから。

これらを踏まえた上で、何に集中的に取り組めばいいか。それはやはり、学んだ英語のアウトプット（もちろん、リスニングやリーディング、単語なども重要なので、そのやり方もこの次の章の後半で解説します）。

特に私たち日本人は、自分で意識してアウトプット環境を作っていかなければいけません。

それではここから、そうしたアウトプット環境の作り方について解説していきましょう。メインのポイントは以下の3つです。

1. 和訳しないで英語を使い始めるためのトレーニング
2. 英語のアウトプット環境作り

3. 独学できる無料のクオリティー英会話

このセクションではまず、さっそく一つ目のポイントについて解説していきましょう。

◉――和訳せずに英語を使うためのトレーニング

先ほど日本での英語学習の特徴の一つとして、英文和訳や訳読に重きが置かれていることについて述べました。そうした慣習が日本人の英語読解力の基礎になっています。

しかしその一方で、深刻なデメリットがあるのも事実です。なぜなら英語でアウトプットする際、常に日本語を介してしまう癖がついてしまうから。

例えば、「How is it going?」(調子どう?) と挨拶されて、「うーん、ものすごくいいわけでもないけど、悪いわけでもなく、まずまずだな。これ英語でどう言おう?」と日本語から考えてしまうと、会話を始める挨拶からつまずいてしまいます。

そうではなく挨拶など日常の頻出シーンでは、ほぼ使うべき英語表現の選択肢が限られているので、そこから選んで返答するのが常套手段です。

ものすごく細部にわたる気持ちの表現は上級者になってからでよく、気軽に挨拶した相手も、そこまで詳細に気持ちを伝えてほしいなんて思っていないかもしれません。

だから、「うーん、ものすごくいいわけでもないけど、悪いわけでもなく、まずまずだな」という日本語をどう伝えようか考えるのではなく、頻出の返答フレーズ「Not bad.」（悪くないね）や「Pretty good.」（けっこういいよ）辺りから選んでパッと答えるように練習するのが正解です。

　つまり、**自分の思いを日本語から英語に翻訳する「英訳方式」ではなく、頻出場面のシンプルな答えの選択肢から選ぶ「チョイス方式」で練習する。これが、"日本語を介さない英語脳"になる第一歩です。**

　しかし、そのチョイス方式を試したくても、頻出場面で英語を使う機会に出くわさないという悩みが日本で英語を勉強している限りつきものです。そんな悩みを解決する方法として、「ルー大柴メソッド」をおすすめします。
　ルー大柴さんに、馴染みがあるかないかで世代が分かれてしまいそうですが、少し前によくTVに出ていた日本人の芸能タレントで、「イフユーライクご覧になってください」「トゥギャザーしようぜ！」などのように、日本語の一部を英語のフレーズに替えて話す芸風が持ち味でした（個人的に好きなのは、「あうんのブレス」「言わぬがフラワー」「縁の下のマッスルマン」辺りですが、ちょっと趣旨がずれるので割愛いたします）。
　これをぜひやっていただきたい。

Stage 1　7つのゴールデンルール〜AI時代の独学術

友達や家族、職場での日本語の会話の中で、頻出場面が来たら英語フレーズで返す。もちろん、英語の練習であると先に断りを入れたほうがいいかと思いますが、「ルー大柴」キャラで茶目っ気づきたければ、それを自分のキャラクターにしてもいいでしょう。

　相手が「調子どう？」などの言葉をかけてきたら、すかさず英語で「Not bad.」や「Pretty good.」と返す。そうした場面を繰り返していくことで、「ルー大柴」キャラがつくだけではなく、その場面場面で日本語を考えずに、英語のシンプルフレーズに気持ちをのせて話せるようになっていきます。

◉──必ずモノにしておきたい日常頻出フレーズ21

　頻出の日常場面での返答フレーズはあらかじめ事前に覚えておき、そのシーンが訪れたとき、ここぞとその英語を口に出してみましょう。

　自分の口ぐせや日常の様子を振り返って、頻出リストを作っておくのも良い手段ですが、このセクションの締めくくりに、私のおすすめ頻出表現をカテゴリー分けして挙げておきます。

　それぞれのカテゴリーが頻出シーンにあたります。その場面が訪れたら、該当する表現を選んで「ルー大柴メソッド」で受けてみましょう。お気に入りの表現を足したり、

自分なりのカテゴリーも加えてみると、さらに日本語を介さないで英語を喋る感覚がつかめてきます。

こうした頻出フレーズをマスターすることによって、日常会話の文脈を身につけることができ、英語のスピーキングだけでなく、リスニングの向上にもつながっていきます。

なんとしてもマスターして、自然な英語での日常会話に役立ててください。

1. 挨拶一言目

- **What's up?**

    これは超頻出表現。「What's new?」「What's going on?」と同じ。意味は「今日どうよ？」くらいの感じ。答え方は次頁を参照。

- **How's it going?**

    「調子どう？」というニュアンス。

- **What are you up to?**

    「これから何するの？」「今日の予定は？」くらいのニュアンス。

2. 挨拶の返し

- **Not much.**

    「What's up?」などの返事の決まり文句。「今日どうよ？」に対して「特に普通」「いつも通り」

くらいのニュアンス。「Just chilling.」も「のんびりしてるだけ」「まったりしてるだけ」という感じで同じ意味。

- **Not bad.**

 「悪くないね」。こちらは「How's it going?」や「How are you?」の返答として決まり文句。

- **Pretty good.**

 「けっこういい感じ」くらいの意味。こちらも「How's it going?」や「How are you?」の返答の決まり文句。

3．相手の意見やリクエストへの同意

- **Absolutely.**

 「もちろんです」という意味で、相手の発言に賛成したり、相手のリクエストを快諾したりするときに使える。「Definitely.」も同じ意味。

- **I'm in.**

 「乗った！」「やります！」というようなニュアンスで、相手から「何かに参加してほしい」「やってほしい」などと頼まれたときの返答として。

- **I'm down.**

 「I'm in.」と同じ意味。「I'm game.」も同様。

4．いいね！

- **That's cool.**
- **Sounds good.**
- **That's awesome.**

    どれもほぼ同じ意味。相手の言ったことに素直に「いい！」と言うときや、相手からの誘いに「いいね！」と乗るときに。

5. ものごとが不確定な場合

- **It depends.**

    「それは場合によるかな」と言いたいときに。

- **Could be.**

    「そういう可能性もありうるね」くらいの意味。「Maybe.」よりも可能性が低いときに。

- **I suppose.**

    「まあ、そうかなあ」という意味で、少し躊躇した感じで言う。「I guess.」と言ってもよい。

6. ちょっと席を外すとき

- **Be right back.**

    「すぐ戻ります」

- **Hold on.**

    「ちょっと待ってて」。特に電話やネット会議で便利。

- **Just a sec.**

「ちょっと待ってて」。対面で席を外すときも使えるが、電話やネット会議で、少し待っていてもらうときにも使える。

7. 許可や感謝の声かけ

- **May I?**

    「いいですか？」。自分が何かやろうとするときに、そっと相手の同意を確認する。

- **Much appreciated.**

    「すごく感謝です！」。相手に感謝するときに。「Thank you」よりも上級者的な響き。

- **My pleasure.**

    「喜んで」。相手に頼まれたときに「いいですよ」という意味で使ったり、感謝されたときに「You are welcome.」の代わりにも。

このリストに入っているフレーズの意味を理解するのに使用例や例文が必要な場合、後述の英単語リトリーバルのセクションに書いてある要領で、ChatGPTなどの生成AIを使ってみましょう。

---

[20] Koizumi R, Agawa T, Asano K *et al.* (2022) "Skill profiles of Japanese English learners and reasons for uneven patterns." *Language*

Testing in Asia. 12, 53.

*21 Koizumi R, Agawa T, Asano K *et al.* (2022) "Skill profiles of Japanese English learners and reasons for uneven patterns." *Language Testing in Asia*. 12, 53.

*22 Benesse Educational Research and Development Institute. (2016). "Chuko no eigo shidou ni kansuru jittai chosa 2015." [Field survey on English education at junior and senior high schools, 2015]. https://berd.benesse.jp/up_images/research/Eigo_Shido_all.pdf.

*23 Benesse Educational Research and Development Institute. (2016). "Chuko no eigo shidou ni kansuru jittai chosa 2015." [Field survey on English education at junior and senior high schools, 2015]. https://berd.benesse.jp/up_images/research/Eigo_Shido_all.pdf.

*24 中学校学習指導要領（平成29年告示）解説

*25 Laufer B (2020) "Lexical coverages, inferencing unknown words and Reading comprehension: how are they related?" *TESOL Quarterly*. 54:1076-1085. doi: 10.1002/tesq.3004

*26 Webb S, Rodgers MPH (2009) "The lexical coverage of movies." *Applied Linguistics*. 30:407-427. doi: 10.1093/applin/amp010

*27 Webb S, Rodgers MPH (2009) "Vocabulary demands of television programs." *Language Learning*. 59:335-366. doi: 10.1111/j.1467-9922.2009.00509.x

*28 Tegge F (2017) "The lexical coverage of popular songs in English language teaching." *System*. 67:87-98. doi: 10.1016/j.system.2017.04.016

④やる気の続く
アウトプットの環境作り

◉──持続可能なやる気の3つの源

　日本人の英語学習の最大の鍵は、アウトプットの機会を増やすこと。ここまで読んでいただいた皆さんにはすでにおわかりかと思います。では、具体的にはどうすればいいのでしょう。

　もちろんまずは、自分と一緒に英語を使ってくれる相手を探さなくてはいけません。そして、私たちの「相手」になってくれるのは生身の人間と、テクノロジーの2パターンがあります。

　このセクションでは、生身の人間とのアウトプット機会のうまい作り方から紹介します。

　単に英語を話せる人を探すだけでは効果的ではないので、科学的にやる気がアップする形でアウトプットの環境を作ることが理想です。そのために、やる気の科学について、もう少し解説しておきましょう。

やる気には、内発的なやる気と外発的なやる気があるのは前述の通りです（34ページ「英語のテストを受けてはいけない」）。外発的なやる気は長続きせず、無理して続けるとリスクが高いので、内発的なやる気を求めたい。では、どうすれば、内発的なやる気が生まれてくるのでしょう？

内発的なやる気の源は3つ。「つながり」「できる感」「自分から感」です。

「つながり」は誰か他の人と関わりを持つこと。話したり、協力したり、活動を共にしたりすること。
「できる感」は、何かができると感じたり、できたと感じたりすること。ゲームで難しい面をクリアしたときの感覚だったり、仕事をやり切ったときのあの達成感です。
「自分から感」は誰かや何かの言いなりになっているのではなく、自分の意思によってやっているという感覚です。親に怒られてやったり、上司の命令でやらなきゃいけないときにやる気が上がらないのは、自分の意思でやっているという感覚を心が求めているからです。
この3つのやる気の源は「心の3大欲求」と呼ばれていて、私たちの心はこれらの欲求が満たされるような行動に動機づけられています[*29]。

最近では、私たちが、「つながり」[*30]「できる感」[*31]「自分から感」[*32]を感じるとき、脳で「快楽物質」であるドーパミンが

脳のやる気のメカニズム

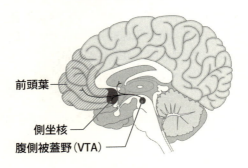

ドーパミンは、腹側被蓋野(VTA)でつくられ、側坐核および前頭前皮質(前頭葉)でうけとられ、快楽の感情をもたらす。

分泌されていることもわかってきています。

まさに脳に仕込まれた、やる気のメカニズムなのです。

◉──英語力はネットワーク作り

私たちの持続可能なやる気の源が「つながり」「できる感」「自分から感」であるならば、それらを満たせるようなアウトプット環境を作ることが鍵になってきます。

そして、そうしたアウトプット環境はやる気だけではなくて、実際の英語学習の効果もアップさせてくれるのです。

なぜなら、ドーパミンが、学習するときの集中力と記憶

力をアップさせてくれるからです。*33

　つまり、**心の3大欲求が満たされるような環境にいると、やる気が上がるだけでなく、脳の学習効果もアップする。**とても一石二鳥な効果が生まれるのです。

　例えば、何らかの形で他の人たちと接する中でアウトプットできるような環境は、良質の英語学習のチャンスを与えてくれます。

　他の人たちとのつながりでドーパミンがジュワ！　その中での学びでドーパミンがドバッ！　まさにドーパミンラッシュで学習効果が上がるのです。

　実際にこれまでの研究でも、人とのつながりの中で言語が最も効果的に習得されるということがわかってきています。母親とのやりとりが言語の習得を促進したり、友達や恋人と話すことで学びのスピードが速まったり。

　さらには、みんなと気さくに喋れる社交的な人のほうが第2言語の習得が早いという報告まであります。*34

　やはり、効果的に言語を習得したいのであれば、他の人とつながれるアウトプット環境のネットワークを積極的に作っていくのが、近道なのです（私のようにシャイな皆さん、ご安心ください。次のセクションでは一人でもできるテクノロジー型の学習も解説します！）。

であれば、どのような形でアウトプット環境を作っていけばいいのでしょう？

◉──楽しみながら作れるアウトプット環境

手っ取り早いのが、英語を話す人たちがいるところに行って、友達になること。

しかしこれは、ハードルが高いと感じてしまう人も多いかもしれません。いきなり外国の人たちがいるところに行っても自分から声はかけられないし、これから英語を始めるところなのに、友達作りなんてムリじゃないか？

ごもっともなお悩みです。ではここで、想像してみましょう。自分がアメリカにでも留学したところを、自由に頭の中に描いてみてください。

見慣れない街で、周りは英語ばかりが飛び交っている。心細い自分に、カタコトながら日本語で話しかけてくれる人が現れた。

もちろん見知らぬ人ですから「怪しいかな」とガードが上がるかもしれませんが、安全な環境であれば、少しホッとして話してみようと思うのではないでしょうか。

そうなんです、その逆の状況を、日本にいる多くの外国人の方々が体験中かもしれないのです。

そうであるならば、相手が「怪しいな」「うざいな」な

どとガードを上げにくい状況でアタックしていけば、ネットワーキングできる確率が上がってくるわけです。

そんな状況はどこで見つけられるのか？　以下のような機会であれば、外国人の方もある程度日本人から話しかけられることを想定しているので、「怪しい」「うざい」などと思われにくいでしょう。

- **国際交流バー**：外国人と日本人が集まる国際交流バーやパブが、大都市やその近郊にあります。お酒を飲んで緊張を解きほぐして英会話の練習ができたりするかもしれませんね。
- **英会話カフェ**：「英会話カフェ」や「英語カフェ」では、お茶をしながら英語で会話を楽しめます。ネイティブやバイリンガルのスタッフと話したり、日本人のお客さん同士で英語を練習したりもできるので、ハードルが低いかもしれません。
- **国際交流パーティー**：日本各地で様々な国際交流パーティーやイベントが定期的に開催されています。自分の好きな国や趣味に合うものを選んで参加してみましょう。

自分の周りにこうした機会があるかどうかを探してみて、友人などと参加してみるのはいかがでしょうか。友人と一緒に参加することで、よりリラックスできますし、トラブ

ルに巻き込まれにくくもなります。

◉──人助けと英会話の最強タッグ

うーん、"社交の場"から気の合う人たちを探すのは、ちょっとハードルが高い。

友達と参加したとしても、トラブルも心配……。

そんな人には、以下のような選択肢もあります。

- **外国人観光案内ボランティア**：外国人観光客の案内やサポートを行うボランティア活動に参加することで、英語を使う機会が増えます。観光地や空港でのボランティア活動が特におすすめです。
- **大学の国際交流センター**：大学や言語学校の国際交流センターでは、言語交換パートナーを募集していることがあります。特に大都市にある大学や語学学校は、外国人学生が多く、英語を話すパートナーを見つけやすい場所です。
- **アプリで会話パートナー**：英会話パートナーを探せるスマホアプリを使ってみてもいいでしょう。「Tandem」や「HelloTalk」では、言語交換（自分は日本語を教えて、相手は英語などの母語を教えてくれる）を目的としたパートナーを探し、メッセージやビデオ通話で交流

することができます。

　これらの選択肢であれば、ボランティアや言語交換という目的がはっきりしていることが前提なので、パーティーの中で気の合う友達を見つけるストレスを味わうことがありません。おすすめです。

　また、ボランティアや言語交換は持続的なやる気が上がるアウトプット環境を提供してくれます。なぜなら、どちらも心の３大欲求を満たしまくってくれるから。
　そもそもどちらも人を助ける行為。つまり、「つながり」を体感させてくれて、助けることが「できた」というのも感じられる。自ら進んで英語の勉強のためにしていることなので、「自分から感」も味わうことができる。
　英語をアウトプットしながら、心の３大欲求を満たして、持続的なやる気にもつながる。それだけに非常におすすめの選択肢になります。

●──英会話有料サービスの本当のメリット

　それからもちろん、英会話サービスに頼るのもアリなやり方です。大手の英会話教室であれば、しっかりとしたトレーニングを受けたインストラクターから学べて、クラスや教材が体系的に整えられているので、効果的に学べます。

ただ、経済的な負担が大きい。そこを考えて、対面の英会話教室でなく、オンライン英会話のサービスを選ぶ方もいるでしょう。金銭的なことの他にも、時間の有効活用という点で英会話のオンラインサービスのほうが向いているビジネスパーソンも多いかもしれません。

　対面なり、オンラインなりで、英会話サービスを受けるときに、やる気が持続するアウトプット環境を整えるという点で、２つ考えておくべきポイントがあります。

　まずは、英会話サービスに加えて、前述のような英会話の機会も同時に模索しておくこと。
　英会話サービスは、英語学習者にチューニングされた「人工的な」英語の機会にすぎません。トレーニングを受けた講師が手取り足取り教えてくれる。同じような日本人の生徒さんもおり、相手にあまりうまく伝えられなくても、こちらの言いたいことを理解してくれる。
　そういうお膳立てがある中でうまく喋れるような気になっても、実践の現場に出たら、全く通用しないなんてことがしばしば起こるのです。
　英会話サービスは自分の苦手な英語スキルをブラッシュアップするのに非常に効果的ですが、さらに実践的なアウトプットの機会も作って、バランス良くトレーニングしていきましょう。

次に、英会話サービスを使うときに、同じサービスを使っている人たちのコミュニティがあるかどうかに注目しましょう。英会話教室であれば、その教室に通う仲間たちの集いであったり、オンラインのものであれば、オンラインコミュニティであったり。

　そうしたコミュニティが活発なところに入って、どんどん友達を増やしていきましょう。近所の英語教室であれば、そこに通う他の人たちや、そこの講師の先生たちとのパーティーや食事会。そういったものにどんどん参加していきましょう。オンラインであれば、オンラインでつながりながら、オフ会などにも積極的に参加しましょう。

　そうした機会に、同じような英会話の悩みを持った人たちから学びがあったり、英語を使って練習するパートナーが見つかることもあります。講師の皆さんが、コミュニティにいる場合などは、授業外で英語を話すチャンスもあったりします。

　英会話サービスの隠れたおまけはその周りのコミュニティです。しっかり活用していきましょう。

◉──見知らぬ人に英語で話しかけるコツ

　さて、このセクションではアウトプットの場を作って心の３大欲求を満たすことで、持続的なやる気をアップする

方法を紹介してきました。

　英会話サービスなどであれば、先生が会話の雰囲気も作ってくれ、うまいことコミュニケーションを始めてくれるはずですが、カフェやパーティーでは自分でなんとかコミュニケーションを始めなければなりません。

　相手や他の誰かが話しかけてくれるのを待つのも一つのやり方ではありますが、それではあまりにも運任せ。少ない時間にお金をかけてアウトプットの機会を作るのですから、自分から積極的に頑張らないといけません。

　しかし、社交の場が苦手であったり内気だったりして、そもそも、まだカタコトの英語でどう話し始めたらいいかわからない。そんな悩みもあることでしょう。

　さらに何がなんでも話を始めようと、「こんにちは、星です。あなたの趣味は何ですか？」なんて、脈絡もなく相手のプライベートに踏み込めば、ギョッとされてしまいます。

　イベントや英会話カフェなどの場で、知らない人に話しかけるコツは、ずばり次の２つ。

　まずは、**話しかけ方のパターンをいくつか持っておくこと**。とにかくコミュニケーションを始めないことには、アウトプットのチャンスを作ることはできません（もちろん、いったんコミュニケーションを始めて、それをうまくつないでいくためにもコツが必要ですが、それは会話のラリーのつなぎ

方を解説するStage 3まで取っておきましょう)。

しかし、前述のように、話題をうまく切り出す必要があります。相手の趣味を聞いたりするのはいきなり相手のプライベートに侵入してしまうので御法度。また、自分の話を切々とし始めるのも聞かなくてはいけない側からすれば、うざいだけかもしれません。

まず初めは、**互いに共通しているものに言及して話を振ってみる**のが効果的です。しかし、知らない人と自分に何が共通しているのかわからない。だって知らない人だから。

確かにそうですが、一つだけ確実に共通していることがあります。それは、その場にいること。今いるイベントや場所の話に関わるような最初の問いかけフレーズを暗記しておくと便利です。そんな気の利いた言い回しを8点挙げて、このセクションを締めくくりましょう。

◉──絶対マスターしたい"鉄板"スタートフレーズ8

誰か知らない人に話しかけるとき、第一声はやはり、「Hello」「Hi」「How's it going?」などの挨拶です。これをさらっと言いましょう。そして続けざまに、以下のどれかのフレーズを場面に合わせて言ってみましょう。

1. "I'm not sure if we've met yet. I'm Ken. Nice to meet you"

> (もうすでに会ったかどうかわからないけど、ケンと言います。よろしく)

これは鉄板フレーズです。いきなり「I'm Ken.」などと名前を名乗るより、ワンクッション入れるのが自然です。このフレーズから始めて、他のスタートフレーズにつなげてもOK。

> 2. "This place is amazing. Have you been here before?"
> (この場所すごいね。前にも来たことある？)

レストラン (restaurant) であれ、イベント (event) であれ、その場所は相手も今いる場所なので、それについて聞くと、相手のプライベートなどに入り込まずに自然な会話が始められます。同様に、その場にある食べ物や、流れている音楽のことについて「この食べ物美味しいよね」「この音楽いいよね」などと会話を始めてもいいでしょう。

> 3. "What brings you to the event tonight?"
> (なんでこのイベントに来たの？)

直訳すれば、「何があなたをこのイベントに持って

きたか？」ですが、どうして来たのかを聞くナチュラルな問いかけです。

> 4. "This is a great crowd! Do you know many people here?"
> （すごい集まってるね！　知ってる人いっぱいいたりするの？）

その場所が混んでいたら、こんな感じで話しかけやすいですね。

> 5. "How did you find out about this party?"
> （どうやって、このパーティーのことを知ったの？）

イベントでも、場所でも、レストランでも、適切に言い換えて使いましょう。

> 6. "What do you think of the event so far?"
> （これまでのところ、このイベントどう思う？）

こちらはパーティーやコンサートなど、その場である程度の時間経過があった場合におすすめ。そういったイベント進行などがないカフェなどでは少し変かも。

> 7. "Is this your first time at a party like this?"
> （こういうパーティーは初めてですか？）

こちらはいろんな場合に使える便利フレーズです。

> 8. "What's your go-to conversation starter at events like this?"
> （こういうイベントで君がよく使う鉄板の会話スタートフレーズって何？）

社交の場で人に話しかけるのは多くの人にとって簡単ではないので、こういうふうに言うことで逆に打ち解けたりもします。ちょっと裏技的なフレーズではあり、トリッキーですが。

＊29　Ryan RM, Deci EL (2017) *Self-determination theory: Basic psychological needs in motivation, development, and wellness.* The Guilford Press: New York.
＊30　Clark I, Dumas G (2015) "Toward a neural basis for peer-interaction: what makes peer-learning tick?" *Frontiers in psychology.* 6, 28. https://doi.org/10.3389/fpsyg.2015.00028.
＊31　Dehaene S (2020) *How We Learn: Why Brains Learn Better Than Any Machine … for Now.* Viking: USA.
＊32　Murayama K, Izuma K, Aoki R, Matsumoto K (2016) ""Your Choice"

Motivates You in the Brain: The Emergence of Autonomy Neuroscience."
Recent Developments in Neuroscience Research on Human Motivation
(Advances in Motivation and Achievement). 19:95-125.

＊33 LaLumiere RT (2014) "5-Dopamine and Memory, Editor(s): Alfredo Meneses, Identification of Neural Markers Accompanying Memory." *Elsevier*. 79-94.

＊34 Dewaele JM, Furnham A (1999) "Extraversion: The Unloved Variable in Applied Linguistics Research." *Language Learning*. 49(3):509-544.

⑤無料でできる
独学アウトプット英会話

◉──今すぐダウンロードするべき無料の英会話

　対面での英会話アプトプットがベストなのはわかっているが、時間もお金もかかりがち。もっと手っ取り早く、しかも安く、アウトプットの機会を作れないものか？

　ここまでに出てきたフレーズだって、いろいろ試してみたい。リアルなアウトプット現場に行く前に、リラックスした状態で練習できないものか？　しかも明日英会話カフェに行くので今すぐやりたい。

　そんなお悩みがあったとして、10年前なら残念ながら、「申し訳ありませんが、そんな方法はありません」と、少しイラつきながら答えなくてはいけなかったと思うのですが、ここ数年でガラッと様相が変わってきています。

　そうです、生成AIです。

　ChatGPTなどの登場で、これまで簡単にはできなかったことがだいぶ簡単にしかも無料でできるようになりましたが、英会話もその一つ。

スマホと生成AIさえあれば、自分に合った英会話が独学しかも無料で可能になります。さらに、どんなところが良かったか、どこを改善したらいいかなどというフィードバックまでしてくれます。

　百聞は一見にしかず。まずはさっそく試してみましょう。無料ですから、ためらう必要はありません。

　まず、スマホの準備から。次の３ステップです。
　① ChatGPTのアプリをダウンロード
　② マイクマークを押して「こんにちは」と話してみよう
　③ 認識されたことを確認

◉──会話練習のプロンプトの作り方

　さあ、準備ができました。さっそく新しいチャットを開いて、以下のように日本語で伝えてみましょう。

「私は英会話の初心者です。今日はあなたと英会話の練習をさせてください。まず初めは、英語で挨拶しますのでその後、自然に会話を続けてください。会話を終えたいときは私のほうから『終わり！』と言いますね」

　私が実際に実験してみた英会話のプロンプトは以下のよ

うになります。ChatGPTの返答からご覧ください。

> 「もちろん、了解しました。それでは始めましょう。こんにちは！ How are you today?」

「I'm fine, thank you.」

> 「Great to hear! What have you been up to today?」

「I have been working long today and I'm tired, so I would like to go home soon.」

> 「I can understand that. Do you have any plans for when you get home, or will you just relax?」

「I will just relax, what about you?」

> 「I don't have plans like that. I'm here to chat with you and help however I can. What do you like to do when you relax at home?」

「終わり」

> 「わかりました。お疲れ様でした！」

　このように、会話内容を実際に文字で見ることができるので、聞き取りにくかったところなどを復習するのにとても便利です。

　さて、これは序の口。次に以下のプロンプトのように、各場面を設定しながら実践英会話の練習をしていきましょう。

「私は英会話の初心者です。今日はあなたと英会話の練習をさせてください。レストランでの会話を試したいので、あなたがウェイター、私がお客さんの設定で話してください。会話を終えたいときは私のほうから『終わり！』と言いますね」

「私は英会話の初心者です。今日はあなたと英会話の練習をさせてください。明日英会話パーティーがあるので、知らない人に話しかける練習がしたいです。私が話しかけるので、そこから会話を続けてください。会話を終えたいときは私のほうから『終わり！』と言いますね」

　このようにいろんな場面を設定して、英会話を試すこと

> 私は英語の初心者です。今日はあなたと英会話の練習をさせてください。まずはじめは英語で挨拶しますので、その後自然に会話を続けてください。会話を終えたいときは私の方から終わりと言います。

🌀 もちろん、了解しました。それでは始めましょう。こんにちは！ How are you today?

> I'm fine, thank you.

🌀 Great to hear! What have you been up to today?

> I have been working long today and I'm tired, so I would like to go home soon.

🌀 I can understand that. Do you have any plans for when you get home, or will you just relax?

> I will just relax, what about you?

🌀 I don't have plans like that. I'm here to chat with you and help however I can. What do you like to do when you relax at home?

> 終わり

🌀 わかりました。お疲れ様でした！

ができます。本書でもいろんな場面設定でのフレーズをリストアップしていますので、それぞれの場面を想定して練習してみてください。

◉——自分の伸び代を生成AIに教わる

さらに、英会話が終わったら、自分の会話のどこが良かったのか、また、どこを改善していけばいいのかを生成AIに聞くことができます。

会話が終わってから、
「今の英会話で、私の良かったところと改善するべきところを教えてください」

などと聞いてみましょう。すると参考になるコメントが返ってきます。先ほどの会話の後に、改善点を聞いてみたときに返ってきた答えは、以下です。

「もちろんです。あなたの英会話の良いところは、挨拶や基本的な返答がスムーズである点です。自然に会話を進めることができましたね。

改善点としては、少しだけ具体的な情報を追加すると、会話がもっと豊かになります。例えば、仕事の内容についてもう少し詳しく話すと、会話が広がりやすくなりますよ。全体的にはとても良かったです!」

◉──無料のChatGPT英会話おすすめ設定18

　生成AIを使って英会話を練習するとき、より具体的な実践の場面を想定することが効果的です。このセクションの締めくくりに、実践力を上げる英会話の場面設定プロンプトを紹介していきましょう。

①**レストランでの注文**：食事を注文したり、おすすめを聞いたり、注文の間違いに対応したり、支払いをする練習をします。
②**ショッピングモールでの買い物**：顧客と販売員の役を交代で行い、商品や価格について尋ねたり、値引き交渉などの練習をします。
③**就職面接**：面接官の質問に答えたり、自分の資格について話したり、仕事に関する質問をする練習をします。
④**病院の予約**：医者からの症状の説明を聞いたり、アドバイスを求めたり、医療指示を理解する練習をします。
⑤**ホテルのチェックイン／チェックアウト**：チェックインしたり、ルームサービスを頼んだり、騒音などの苦情に対処したり、チェックアウトする練習をします。
⑥**空港での対応**：セキュリティを通過したり、道を尋ねたり、荷物を預けたり、フライトの遅延やキャンセルに対応する練習をします。
⑦**銀行業務**：口座を開設したり、預金したり、金融サービ

スについて質問したり、カードの紛失を報告する練習をします。

⑧**新しい人との出会い**：自己紹介をしたり、雑談をしたり、パーティーや社交イベントで趣味や興味について尋ねたりする練習をします。

⑨**映画館でのやりとり**：チケットを買ったり、上映時間を尋ねたり、映画を観た後に感想を話したりする練習をします。

⑩**道案内**：道を教えたり尋ねたり、異なるルートを説明する練習をします。

⑪**旅行の予約**：フライトやホテル、アクティビティを予約したり、キャンセルポリシーについて尋ねたりする練習をします。

⑫**店舗でのクレーム**：商品を返品したり、欠陥について説明したり、返金や交換を求めたりする練習をします。

⑬**イベントへの招待**：友達をパーティーに招待したり、詳細を説明したり、相手の反応に対応する練習をします。

⑭**博物館訪問**：展示について尋ねたり、チケットを買ったり、芸術や歴史についてガイドと話し合ったりする練習をします。

⑮**レンタカー**：車を借りたり、保険について尋ねたり、パンクなどの問題に対処する練習をします。

⑯**保護者面談**：自分の子どもの進捗状況について聞いてみたり、アドバイスを求めたり、目標を設定する練習をし

ます。
⑰**図書館訪問**：本のおすすめを尋ねたり、特定の本を探したり、貸出ルールを理解する練習をします。
⑱**緊急事態**：緊急サービスに電話したり、状況を説明したり、応急処置の指示を受けたり与えたりする練習をします。

こちらのリストからトピックを選んで、内容説明をそのままプロンプトの中に入れてやってみましょう。例えば、「緊急事態」を選んだら、以下のように聞くことで英会話の練習ができます。

「私は英会話の初心者です。今日はあなたと英会話の練習をさせてください。**緊急事態**の場面を想定した会話がしたいです。**緊急サービスに電話したり、状況を説明したり、応急処置の指示を受けたり与えたりする練習をしましょう。**会話を終えたいときは私のほうから『終わり！』と言いますね」

こうしたプロンプトを使って英会話を練習することで、自分のニーズに合わせたオリジナルの独学ができます。ぜひお試しください！

さあ、ここまでは日本で英語学習をする場合の最適なア

ウトプット環境の作り方について見てきました。

　もちろんこれは、アウトプット系のスキルだけトレーニングすればいいというわけではありません。私たち日本人には英語のアウトプットの機会が限られているので、その増やし方を重点的に見てきたのです。

　アウトプット系のスキルを練習しながらも、インプット系のスキルだって、チューニングを続ける必要があります。

　そこで次のセクションからは、生成AIを使った単語の記憶、リスニング&リーディングの独学練習法について解説していきましょう。

⑥脳科学に基づく英単語リトリーバル記憶法

● ──英単語を覚えられない理由

　単語帳を何度見返しても思うように英単語が覚えられない。いったん覚えたと思ってもすぐに忘れてしまう。その繰り返しでやる気も失せてくる……。

　そんな悩みは英語学習につきものです。どうすれば効果的な暗記ができるのでしょうか。

　例えば、以下のような4つの選択肢があったら、皆さんはどれが一番効果的だと思いますか？

1. 覚える単語と意味を見ながら、5回音読する。
2. 覚える単語とその意味を30秒間凝視する。
3. 覚える単語と意味を見ながら、5回書き出す。
4. 覚える単語と意味を見てから、目を閉じてスペルと意味を5回思い出す。

　これまでの研究でダントツの効果が示されたのは、4つ目の方法。ポイントなのは、5回という回数ではなくて、

いったん目で見て頭に入れた単語を、「**何も見ずに自分の頭だけで思い起こす**」という行為です。

これを「リトリーバル（retrieval）」と言います。「リトリーバル」とは、いったんなくなったものを取り戻すという意味で、今インプットしたものを脳の中から取り戻すということです。

しかも、単に思い出せばいいのではなくて、自分の頭だけで思い出す。教科書やノートを補助に使わず、自分の脳の力だけで、いったんインプットしたことを思い出す。そうした脳のエンゲージメント法を総称して「リトリーバル」と呼びます。

「リトリーバル」は100年以上もの研究の積み重ねの中で、高い学習効果が確認されてきたインプット方法です。その他の学習法よりも格段に効果があるということが、これまでの研究で度々示されてきました。

例えば「リトリーバル」を取り込んだ勉強法は、シンプルな読み返しをするよりも、50％も記憶の定着率がアップ[35]するなど、同様の結果が他の学習法との比較でも確認されています。[36]

もちろんそうした「リトリーバル」の効果は、脳科学的にもメカニズムが解明されてきています。[37]

脳のメカニズムにかなったインプット法なので、「リト

リーバル」は、年齢や能力にかかわらず、幅広い学習者に効果的で、記憶の定着だけでなく、学んだことを応用したり整理し直したりするのにも効果的だということもわかっています。[38]

●──リトリーバルを使った効果的な記憶法

先ほどの4の記憶法は、覚える単語を見てから目をつむって、何も見ずに頭だけでスペルと意味を思い起こす方法です。それに対して、1～3はすべて、文字と意味を見続けてしまっています。つまり、4はリトリーバルがしっかりできているのに対して、1～3は、自分の頭だけを使って思い出すことができていません。

すると脳がしっかりとエンゲージされず、結果として単語が記憶されにくくなってしまいます。単語帳を何度も読み直したり、単語を何度も書き出したりしても、なかなか覚えられないという方は、見直しのときにリトリーバルができていない可能性が大です。

これらを踏まえて、単語を覚えるときには必ず対象となる単語をいったん学んでから、何も見ずに心の中で復唱したり、意味を思い出したり、スペルを書いてみたりするように心がけましょう。スペルや意味がパッと脳内に出てこなければ、もう一度見直してみる。その上で、目をそらし

て何も見ずに、スペルや意味を思い出せるかどうか再度試してみる。スムーズに思い出せるようになるまで、このプロセスを繰り返しましょう。

同様に、声に出して読み上げたり、ノートに書き出してみるときも、いったんテキストを見た後、そこから目を離してやることが肝心です。

読み上げや書き出し自体に記憶効果がないのではありません。覚えるべきものを見たまま読んだり書いたりしても、リトリーバルにつながらず、記憶の効果が低くなってしまうということです。そうならないように、しっかりテキストから目を離して読み上げたり書き出したりすれば、読み上げや書き出しの記憶効果が一気に上がります。

このようなちょっとした意識の変化でグッと記憶効果が上がるので、ぜひ試してみてください。

ハイライトやフラッシュカードも、リトリーバル学習にうまく使うことができます。

例えば、赤でハイライトをした部分を緑の下敷き（透明シート）を通して見ると、該当箇所が黒塗りになり、自分の頭だけで思い出して復習することができます。フラッシュカードも表の単語を見て、自分の頭で意味を思い出したり、意味から単語を頭だけで思い出したりできるわけです。昔ながらの勉強法ですが、やはり効果があるゆえに、親しまれてきたやり方になります。

◉──スペーシングで最大限の成果を得る

　さて、いったんリトリーバルで学んだ単語ですが、しっかりと復習することも忘れてはいけません。今日学んだ内容を、少し経ってからもう一度「う〜ん、何だっけ？」と脳をエンゲージすると記憶の定着が加速します。

　今、学んだことを、何度も繰り返して思い出すのは簡単です。いったん慣れてしまえば、一時的にはあまり頭を使わなくてもできてしまいます。一方、いったん覚えて慣れたことでも、時間を空けてしまえばリトリーバルが難しくなります。そうやって適度な負荷を加えることにより、脳をうまくエンゲージすることができ、学びが定着しやすくなるのです。

　このようにある程度の時間を置いてリトリーバルすることを「スペーシング（spacing）」と言います。これまでの研究で、「スペーシング」は幅広い年代層に高い学習効果があることが示されてきました。[*39]

　ちなみに、どれくらいの期間を置いてリトリーバルすればいいかが気になるところですね。「スペーシング」は、リトリーバルの間隔を徐々に広げていくことで効果が高まります。

　まずは1日空けて、復習しましょう。フラッシュカード

や単語帳のハイライトなどを使って単語を見て、意味のほうを「うーん、何だったっけな？」と復習するやり方でOKです。

思い出せた単語は次に1週間後に復習しましょう。それで思い出せたら、ひとまず復習は完了です。

思い出せなかった単語に関しては、もう一度意味を見て確認してから、リトリーバル学習をしましょう。その上で、また次の日に復習する単語のリストに加えておきましょう。

次の日に復習するべき単語のリストと1週間後に復習するべき単語のリストを、エクセルなど電子的なメモにしておくと便利です。そうしておくと、次項で説明する単語復習テストを作るのにも非常に役立ちます。

●——単語の記憶はテクノロジーでアシスト

フラッシュカードや単語帳のハイライトによる単語復習だけでなく、ChatGPTなどの生成AIを使って、自分だけの復習テストを作るのもとても効果的です。

テストとは、いわば自分の頭だけを使って問題を解く練習なので、質の高いリトリーバル学習になります。

英語学習の目的に検定試験や能力試験などのテストを据えるのは、やる気を削いでしまう恐れがあるのでNGですが、リトリーバルの補助として日々の学習のツールに使うテストは、有効な記憶力アップのアイテムになります。

さっそくテストの作り方を見ていきましょう。

まず、復習すべき英単語のリストを用意します。あらかじめ単語を学んだときに、ワードやエクセルなど、電子ノートに復習すべき単語をリスト化しておきましょう。

例えば、以下の10単語を前日に覚えて今日、復習するリストとして書き出したとしましょう。

1. Abundant
2. Compromise
3. Contradict
4. Deteriorate
5. Endure
6. Humiliate
7. Impartial
8. Procrastinate
9. Reinforce
10. Vulnerable

このリスト10単語を使い、ChatGPTなどの生成AIに以下のようなプロンプトを入力してみましょう。

「先日以下の英単語を覚えてみました。意味を覚えているか試したいので、意味を日本語で確認するテストを作って

> 先日以下の英単語を覚えてみました。意味を覚えているか試したいので、意味を日本語で確認するテストを作ってください。選択問題などではなく、私の方から意味を書き込んであっているかチェックする形でお願いします。
>
> abundant, compromise, contradict, deteriorate, endure, humiliate, impartial, procrastinate, reinforce, vulnerable

以下に英単語とその日本語の意味を書く場所を用意しました。それぞれの単語の意味を日本語で書き込んでください。書き終わったら、意味が正しいかどうかチェックします。

1. **Abundant:**
2. **Compromise:**
3. **Contradict:**
4. **Deteriorate:**
5. **Endure:**
6. **Humiliate:**
7. **Impartial:**
8. **Procrastinate:**
9. **Reinforce:**
10. **Vulnerable:**

意味を書き込んだら、教えてください。確認しますね。

ください。選択問題などではなく、私のほうから意味を書き込んであっているかチェックする形でお願いします」

　こちらに答えを入れてみると、以下のように採点やコメントを返してくれます（右頁は実際の画面です）。

「素晴らしいですね！　それでは、あなたの答えを確認していきます。
1. Abundant　十分ある
　● 正解です。「豊富な」「十分ある」といった意味ですね。
2. Compromise　妥協する
　● 正解です。「妥協する」と訳されます。
3. Contradict　矛盾する
　● 正解です。「矛盾する」や「反対する」という意味です。
4. Deteriorate　悪化する
　● 正解です。「悪化する」という意味です。
5. Endure　耐久する
　● 部分的に正しいです。「耐える」「我慢する」といった意味が強いです。
6. Humiliate　侮辱する
　● 正解です。「恥をかかせる」「侮辱する」という意味です。

> Abundant: 十分ある
> Compromise: 妥協する
> Contradict: 矛盾する
> Deteriorate: 悪化する
> Endure: 耐久する
> Humiliate: 侮辱する
> Impartial: 不公平
> Procrastinate: 延期してサボる
> Reinforce: 強化する
> Vulnerable: 脆弱な

🌀 素晴らしいですね！それでは、あなたの答えを確認していきます。

1. **Abundant: 十分ある**
   - 正解です。「豊富な」「十分ある」といった意味ですね。

2. **Compromise: 妥協する**
   - 正解です。「妥協する」と訳されます。

3. **Contradict: 矛盾する**
   - 正解です。「矛盾する」や「反対する」という意味です。

4. **Deteriorate: 悪化する**
   - 正解です。「悪化する」という意味です。

5. **Endure: 耐久する**
   - 部分的に正しいです。「耐える」「我慢する」といった意味が強いです。

6. **Humiliate: 侮辱する**
   - 正解です。「恥をかかせる」「侮辱する」という意味です。

7. **Impartial: 不公平**
   - これは正しくありません。「公平な」「偏らない」という意味が正しいです。

8. **Procrastinate: 延期してサボる**
   - 部分的に正しいです。「先延ばしにする」という意味が中心です。「サボる」は含まれることもありますが、主に「重要なことを後回しにする」という意味です。

9. **Reinforce: 強化する**
   - 正解です。「強化する」という意味です。

10. **Vulnerable: 脆弱な**
    - 正解です。「脆弱な」「傷つきやすい」という意味です。

全体的に非常に良く理解されています！もし修正や追加の質問があれば教えてくださいね。

7. Impartial　不公平
   - これは正しくありません。「公平な」「偏らない」という意味が正しいです。
8. Procrastinate　延期してサボる
   - 部分的に正しいです。「先延ばしにする」という意味が中心です。「サボる」は含まれることもありますが、主に「重要なことを後回しにする」という意味です。
9. Reinforce　強化する
   - 正解です。「強化する」という意味です。
10. Vulnerable　脆弱な
    - 正解です。「脆弱な」「傷つきやすい」という意味です。

全体的に非常に良く理解されています！　もし修正や追加の質問があれば教えてくださいね」

他にもいろいろなテストが作れるので、自分のお気に入りの形のチェックテストになるようにプロンプトを考えてみましょう。

◉──単語復習用のおすすめプロンプト３

以下に、先ほどのプロンプトとは違う、３種類の単語チ

ェックテストのプロンプトを紹介します。

> プロンプト１

「先日、以下の英単語を覚えてみました。意味を覚えているか試したいので、それぞれの単語に、その意味を英語で定義する選択肢問題を出してください。選択肢は４つずつで正解が１つの要領でお願いします」

これを先ほどの10単語で試してみると、以下のような問題ができあがってきます。

「以下に英単語の意味を問う選択肢問題を作成しました。各単語に対して正しい意味を選んでください。

1. Abundant
What is the correct definition of "Abundant"?

A) Lacking in quantity or quality
B) Existing or available in large quantities
C) Extremely rare or scarce
D) Limited in supply

2. Compromise
What is the correct definition of "Compromise"?

A) To completely reject an idea
B) A settlement of differences where both sides make concessions
C) To stubbornly refuse to change
D) A situation where no agreement is reached

3. Contradict
What is the correct definition of "Contradict"?

A) To agree with something or someone
B) To express the same opinion
C) To state the opposite of what someone else has said
D) To remain silent on a matter

プロンプト2

「先日、以下の英単語を覚えてみました。意味を覚えているか試したいので、単語を一つずつランダムな順番で出して、私に意味を答えさせるテストをしてください。私が答えたら、正解か不正解か、また補足の説明も加えてください。その後に、次の単語を出してください。全部の単語をチェックしたら、テストを終えてください」

これを先ほどの10単語でやると、以下のようなやりとりになります。

「では、始めましょう！　最初の単語は『procrastinate』です。意味を答えてください」

「延期してサボるっていう意味ですか？」

「正解です！　『procrastinate』は『先延ばしにする』や『物事を引き延ばす』という意味です。何かをやるべき時に、意図的にそれを後回しにすることを指します。
　次の単語は『humiliate』です。意味を答えてください」

プロンプト3

「先日、以下の英単語を覚えてみました。意味を覚えているか試したいので、それぞれの単語の和訳をランダムな順序で並べてください。私のほうで、当てはまる英語を当てていきます」

　こちらは意味のほうから英単語を推測するものですね。返答は以下のようになりました。

「了解しました。それでは、単語の和訳をランダムな順序で並べますので、該当する英語の単語を答えてみてくださ

い。
1. 侮辱する
2. 豊富な
3. 傷つきやすい
4. 先延ばしにする
5. 悪化する
6. 矛盾する
7. 我慢する
8. 妥協する
9. 強化する
10. 公平な

それぞれの和訳に該当する英単語を答えてください」

　ここで紹介したプロンプトをそのまま使って復習するのもいいですし、自分なりに改良してお気に入りの設問を作るのもいいでしょう。テスト形式にするとより楽しく復習することができます。ぜひお試しください。

> 先日以下の英単語を覚えてみました。意味を覚えているか試したいので、それぞれの単語の和訳をランダムな順序で並べてください。私の方で、あてはまる英語を当てていきます。
>
> abundant, compromise, contradict, deteriorate, endure, humiliate, impartial, procrastinate, reinforce, vulnerable

了解しました。それでは、単語の和訳をランダムな順序で並べますので、該当する英語の単語を答えてみてください。

1. 侮辱する
2. 豊富な
3. 傷つきやすい
4. 先延ばしにする
5. 悪化する
6. 矛盾する
7. 我慢する
8. 妥協する
9. 強化する
10. 公平な

それぞれの和訳に該当する英単語を答えてください。

＊35 Roediger HL, Karpicke JD (2006) "Test-Enhanced Learning: Taking Memory Tests Improves Long-Term Retention." *Psychological Science*. 17(3):249-255.

＊36 Karpicke JD, Blunt JR (2011) "Retrieval practice produces more learning than elaborative studying with concept mapping." *Science*. 331(6018):772-5.

＊37 Nadel L, Hupbach A, Gomez R (2012) "Newman-Smith K. Memory formation, consolidation and transformation." Neuroscience & Biobehavioral Review. 36(7):1640-5.

＊38 Roediger HL, Putnam AL, Smith MA (2011) "Ten benefits of testing and their applications to educational practice." *Psychology of Learning and Motivation*. 44:1-36.

＊39 Benjamin AS, Tullis J (2010) "What makes distributed practice effective?" *Cognitive Psychology*. 61:228-247.

⑦オリジナルのリーディング&リスニング問題作り

◉──自分のレベルにできる長文読解問題

　このように生成AIを使って自分だけのテストが作れるようになると、リーディングやリスニングの効果的な練習にもつながります。

　例えば、以下のようなプロンプトで、自分の目指すレベルに合った読解問題を作ることができます(こちらはリーディングなので音声入力でなく文字入力のチャットで実行しましょう)。

「CEFRのB2レベルのリーディングの長文問題を出してください。一つの長文に関して、理解力を問う問題や、選択肢の問題、穴埋め問題、和訳問題などいろいろ混ぜて5問くらい問題を作ってください。最初に答えは出さないで、私が答えてから採点してください」

(※できあがったテストは巻末に載せていますが、ぜひご自身で、生成AIを使って試してみてください)

上記のプロンプトの構造は、以下の通りです。

「【ターゲットレベル】の【問題の種類】を出してください。【問題の詳細】を作ってください。最初に答えは出さないで、私が答えてから採点してください」

【ターゲットレベル】は「CEFRのB2レベル」となっていました。CEFRは「Common European Framework of Reference for Languages」(ヨーロッパ言語共通参照枠)と呼ばれるもので、英語などの習得の国際基準の一つとして使用されています。

英検やTOEFL、TOEICなどの英語試験との対応も発表されています。例えば、B2は英検準1級から1級程度、TOEFLで72〜94点、TOEICで1560〜1840点などと対応しています。[*40]

やはり、生成AIに読み込まれている言葉は英語の量が圧倒的に多いことが想定されるので、国際的な基準や英語圏でより有名な基準を使うことで、自分の意図するターゲットのレベルの問題を作りやすくなります。

◉──本格的なリスニング問題も超速作成

【問題の種類】には、「リーディングの長文問題」の他に

ももちろん、「リスニング問題」などその他の問題形式も使えます。また、【問題の詳細】には、「一つの長文に関して、理解力を問う問題や、選択肢の問題、穴埋め問題、和訳問題」などというように、問題の形式を入れることもできますし、問題のトピックを盛り込むこともできます。

例えば、このやり方に基づいて、リスニングの問題を作ってみましょう。以下のようなプロンプトを文字入力で実行してみましょう。

「CEFRのB2レベルのリスニング問題を出してください。最初に1〜2分くらい銀行業務に関する場面の会話を聞かせてください。口座を開設したり、預金したり、利率について質問したり、カードの紛失を報告する場面です。次に、その会話を理解する質問を選択問題で3問出してください。初めに答えは出さないで、私が答えてから採点してください」

（※できあがったテストは巻末に載せていますが、ぜひご自身で、生成AIを使って試してみてください）

このような問題を作り、生成AIの音声読み上げを使って、問題文をAIに読み上げてもらいましょう。
こうして自分のレベルに合ったリスニング問題がカンタ

ンに作れてしまいます。

◉──オリジナルで超便利なリスニング教材作り

　ちなみに先ほどのリスニング問題のプロンプトの設定である、「銀行業務に関する場面の会話を聞かせてください。口座を開設したり、預金したり、利率について質問したり、カードの紛失を報告する場面です」の部分は、「無料のChatGPT英会話おすすめ設定18」（86ページ）に掲載したものです。そこから選んで、自分のニーズに合わせたいろいろな場面を作成することができます。

　レストランやショッピング、空港などの一般的な場面設定から、保護者面談や店舗でのクレームなどなかなかコアな場面まで揃っていますので、いろいろ試してみましょう。

　また、本格的なリスニング問題でなくて、もっとコンパクトな英会話でリスニングのトレーニングをしたいときには、スマホで生成AIの音声チャットを使って、どしどしリスニング教材を量産することができます。
　例えば、以下のように言ってみます。

「CEFRのB2レベルで英語のリスニングの練習がしたいです。30秒以内の短い会話で、銀行業務に関する場面の会話を聞かせてください」

すると、このような会話が音声で聞こえてきます。

「Alright, here's a short conversation. It's less than thirty seconds long, so listen carefully!

　Bank Teller: Good morning. How can I help you today?

　Customer: Hi, I'd like to deposit five hundred dollars into my savings account.

　Bank Teller: Certainly. Please fill out this deposit slip, and I'll process that for you right away.

　Customer: Thank you.

Let me know if you'd like to go over any part of it!」

　この会話を聞いた後に、自分の理解が正しいか質問したりすると、適切に答えを返してくれます。
　例えば、もう一度聞き返してみると、以下のようなやりとりになります。

「さっきの英会話はあまりわからなかったので、もう一度

> セファールのB2レベルで英語のリスニングの練習がしたいです。30秒以内の短い会話で、銀行業務に関する場面の会話を聞かせてください。

Alright, here's a short conversation. It's less than thirty seconds long, so listen carefully!

Bank Teller: Good morning. How can I help you today?

Customer: Hi, I'd like to deposit five hundred dollars into my savings account.

Bank Teller: Certainly. Please fill out this deposit slip, and I'll process that for you right away.

Customer: Thank you.

Let me know if you'd like to go over any part of it!

同じものをやってもらえますか」

「もちろんです。同じ会話をもう一度聞いてみてくださいね。

> **Bank Teller**: Good morning. How can I help you today?
>
> **Customer**: Hi, I'd like to deposit five hundred dollars into my savings account.
>
> **Bank Teller**: Certainly. Please fill out this deposit slip, and I'll process that for you right away.
>
> **Customer**: Thank you.

どうでしたか? もう一度繰り返したり、説明が必要な部分があれば教えてくださいね」

このような要領で「無料のChatGPT英会話おすすめ設定18」の場面から選んで、シンプルな会話を量産して聞いてみましょう。
会話を聞いてから、何度か聞き直したり、スクリプトを見ながら自分の理解が正しかったかどうかをしっかり確認

> さっきの英会話はあまりわからなかったので、もう一度同じものをやってもらえますか。

もちろんです。同じ会話をもう一度聞いてみてくださいね。

Bank Teller: Good morning. How can I help you today?

Customer: Hi, I'd like to deposit five hundred dollars into my savings account.

Bank Teller: Certainly. Please fill out this deposit slip, and I'll process that for you right away.

Customer: Thank you.

どうでしたか？もう一度繰り返したり、説明が必要な部分があれば教えてくださいね。

できるので、非常に便利です。

　ここまでStage 1では脳科学や心理学、言語学習の研究に基づいて、効果的なAI時代の英語学習法を見てきました。
　Stage 2からは、いよいよStage 1の勉強法を使って学んでいただきたい、実践英語のフレーズや考え方を解説していきます。まずは、ビジネスで使える実践英語から見ていきましょう！

＊40　https://www.mext.go.jp/b_menu/shingi/chousa/koutou/091/gijiroku/__icsFiles/afieldfile/2018/07/27/1407616_003.pdf

Stage 2

脳が欲するフレーズ
スーパークールなビジネス英語

①周りを気遣う優しい
ビジネスフレーズ

●───ビジネス英語で心の3大欲求を満たす

　さあ、Stage 2の始まりです。ここでは、ビジネスで使える表現や考え方をたっぷりと紹介します。以下のポイントを中心に、ビジネス英語をひもといていきましょう。

1. 周りを気遣う優しいビジネスフレーズ
2. プレゼンで使えるスマート表現
3. 会議が楽しくなるキラーフレーズ
4. 失敗しないビジネスメールのテンプレート
5. 超クールなビジネス頻出フレーズ29

　まずは「周りを気遣う優しいビジネスフレーズ」、同僚やビジネスパートナーたちを励ましたり、労(ねぎら)ったり、助けたりするときの言葉から始めましょう。ちょっといかした「いいね！」や「ありがとう」といった表現です。

　Stage 1で、ボランティアや言語交換は、持続的なやる

気を上げるという話をしました。その理由は、どちらも心の3大欲求を満たしまくってくれるからということでした。

人を思いやったり、助けたりという行為は、「つながり」を体感させてくれて、助けることが「できた」と感じられる。自分から進んで助けたいと思っていれば、「自分から感」も味わうことができる。

同様に、周りに親切にしたり、優しく振る舞うことは、心の3大欲求を満たして、持続的なやる気につながり、周りとの良好な人間関係を作っていく。その意味でビジネスの場においても、大切なコミュニケーションです。スマートに周りを思いやることで、自分のやる気とパフォーマンス、周りとの信頼関係をアゲアゲにすることができます。

相手のことを褒めたり、感謝したりするフレーズ「Cool!」（いいね）「Thank you!」（ありがとう）などを使って、こまめにその場その場で相手に気持ちを述べていくことから始めて、慣れてきたら、以下に紹介するようなスマートな労いの表現を、チョイスして使っていきましょう。

まずは、カジュアルな英語のスラングで、「圧倒的な成果を上げる」「大成功を収める」という意味の「crushing it」という表現。

> You're absolutely crushing it ― keep up the amazing work.

(本当に素晴らしい成果を出していますね。この調子で頑張ってください！)

「crush」という動詞は、もともと「押し潰す」「粉砕する」といった意味ですが、「何かを圧倒する」「他を圧倒するほどうまくやる」という意味で、特定のタスクや挑戦を「押し潰す」ほど完璧にやり遂げる、というニュアンスがあります。

「keep up」も「続ける」という意味でよく使われますので、押さえておきましょう。

次に、誰かが圧倒的なパフォーマンスをしたときに使う「ハードルが上がる」という表現。それを英語で言うと、以下のようになります。

> You're raising the bar for all of us—seriously impressive.
> (みんなのハードル上がっちゃいますね！　本当に感銘を受けます)

「raising the bar」は、標準や基準を引き上げる、つまり今までのレベルを超えてより高い目標や期待を設定する、という意味です。この表現は、誰かがそのパフォーマンスや成果によって、全体の基準を高めたときに使われます。

個人としてのパフォーマンスだけでなくチームに貢献した人を称えたいときに、以下のような表現はとても便利です。

> You're a driving force behind our success—thank you for being you.
> （あなたは私たちの成功の原動力です。あなたらしさに感謝します）

「drive」という動詞は、「駆り立てる」「推進する」という意味があり、そこから「driving force」は「何かを前進させる力」となります。エンジンが車を前に進めるように、プロジェクトやチームを前に進める役割を果たしたのを褒める表現です。

　もちろん、プロジェクトなどのリーダーを称えるときにも使えますし、決して華やかではなくても、大事な役割を果たした人などを褒めてあげるときにも使えます。

　ビジネスシーンではこのように、目立ちやすい派手な役割の人もいれば、地味ながら大事な役割を果たしている人たちもいます。特に、後者の人たちへ以下のように言うと、さりげなく労うことができます。

> Your efforts do not go unnoticed—thank you for your dedication!
> (あなたの努力は見過ごされていません。献身的な働きに感謝します!)

「do not go unnoticed」は、直訳すると「見過ごされない」という意味です。誰かの努力や貢献がしっかりと認識され、評価されていることを伝える際に使われます。「あなたの努力をちゃんと見ていますよ」といったニュアンスが含まれています。この表現は、すごく努力したけれどもあまりうまくいかなかった場合にも使えるので、覚えておくといいでしょう。

●──さらっと助けの手を差し伸べる

周りの人たちを褒めたり、成果を称える表現の次は、その人たちをサポートする際の"鉄板"表現を見ていきましょう。

> Is there anything I can do to help?
> (何か手助けできることはありますか?)

何に困っているのか、あるいはそもそも困っているのかもわからないけれども、「何か手助けしたい」というとき

の第一声にぴったりの表現です。仮に、具体的な手助けや相手のリクエストにつなげられなくても、こちらが相手の悩みを聞いてあげるきっかけにもなるので、優しいコミュニケーションの定番表現です。

また、目の前で特定のタスクに取り組んでいる人をサポートしたいときには、以下のように言うこともできます。

How can I support you with this?
（これ、どうやってサポートできます？）

さらに、あれもこれもしていてとにかく忙しい人には、次のような表現もあります。

Can I take anything off your plate?

意訳すれば「何か手助けできますか？」となりますが、意味合いとしては、「plate」、つまり、食べ物が載るプレートに、仕事や責任が盛られている状態を想像させ、その中から何かを取り除いてあげる（助ける）というのが本来のイメージです。非常によく使われる表現なので、ぜひ押さえておきましょう。

この表現には私自身もほろ苦い思い出があります。オンラインハイスクールのスタートアップに参加し始めたころ、

忙しくしていた私に「Can I take anything off your plate? You seem so busy.」と言われたことがありました。即座に意味がわからず、忙しそうだから片付けをしてくれるという意味と無理やり解釈して「No, I can clear the desk myself later.」(デスクは自分で片付けるので、いいです)と返答してしまったことがありました。ちなみに私のデスクは非常に汚いことで有名なので、なんで今さらなのかと思い、少しイラッとした対応になっていたかもしれません。すると、相手もなんとなく怪訝な表情を見せながらも、「Okay, but let me know how I can be of any help.」と言って去っていきました。私としても不思議なコミュニケーションだったので、その後もしばらく覚えていました。

　そのときの会話の意味を理解したのは、それからだいぶ経ってから。せっかく親切にサポートをオファーしてくれた相手に、不遜な態度を取ってしまったことに気づき、とてもやるせなくなりました。皆さんもどうぞ、お気をつけください！

　さて、サポートの便利表現に話を戻しましょう。「今すぐこの場で助けてあげようか？」ではなく、「いつでも助けてあげるからね」という意味合いで、以下のような表現もあります。

　　Feel free to reach out if you need anything.

（必要なことがあれば、遠慮なく連絡してください）

　　I'm here to back you up.
　　（いつでも助けてあげるからね！）

「reach out」は「連絡する」、また「feel free to」は「遠慮なく」という意味でよく使います。また、「back up」は「後ろから支える」や「守る」というイメージで使われ、その人を助けたり支援したりすることを表します。「I'm here to」も自分の役割を表現するときに使うカジュアル表現です。「あなたを助けるために私はここにいる（＝いつでも助けるからね）」というニュアンスです。

◉──チームワークを活かすフレーズ

　次に、忙しくて大変そうな人にサポートの手を差し伸べるのと同じく、「みんな一つのチームだよ」「みんなついているよ」と励ましたいときの便利フレーズも、いくつか押さえておきましょう。

　　It's okay to ask for help when you're feeling stretched.
　　（忙しいときには、サポート頼んでもいいからね）

「stretch」は「伸ばす」ですが、ここでは「物理的にも精神的にも限界まで引き伸ばされた状態」を意味します。「限界を感じる」「負担がかかっている」「忙しさに追われている」といったニュアンスになります。「to ask for help」（助けを請う）もよく使われるので、ぜひ覚えておきましょう。

忙しいのに自分だけで抱え込んでしまうような相手には、以下のような表現がおすすめです。

> Don't hesitate to speak up if you're feeling overwhelmed.
> （圧倒されそうと感じたら、遠慮せずに声をあげてください）

「overwhelm」は、「圧倒する」「打ちのめす」という意味で、状況や感情が人の能力や忍耐を超えてしまいそうなのを表すときに使います。「speak up」は、「声をあげる」「意見を述べる」という意味で、ここでは助けを求めるために自分の状況を伝えることを指します。

同じような状況で、以下のように言ってみてもいいでしょう。

You don't have to do everything alone.
（一人で全部やろうとしなくていいんだよ）

　この表現はシンプルで、「一人で抱え込まないで」とサポートの意味でメッセージするだけでなく、一人でなんでもやろうとしてしまう頑張り屋さんに対して「チームワークを大事にすべき」という忠告を優しく伝える場合にも使えます。

　そして、「みんなで頑張ろう！」と言うときの超頻出フレーズはやはり、こちら。

We're all in this together.

　直訳すれば、「私たちは皆、この状況の中に一緒にいます」となります。共通の目標やプロジェクト、さらには直面する逆境に対して、チームやグループ全体で協力し合っていることを強調する言い方です。孤立感を持たせず、団結しているという安心感を与える表現です。
　つまり意訳すれば、「みんなで頑張ろう！」「みんなついているよ。安心して」というようなニュアンスです。
　英語学習もなかなか一筋縄にはいきませんが、We're all in this together!　みんなで頑張りましょう！

②プレゼンで使える スマート表現

◉──英語のプレゼンで気をつけるべきこと

次は、ビジネスコンテクストでは外せない、プレゼンでの表現です。

ただでさえみんなに注目されて緊張するのに、準備した英語が心配で、しどろもどろ。そんな状況に陥らないためにも、太鼓判付きのナチュラルな言い回しをマスターして、プレゼンに活かしていきましょう。

プレゼンで英語を使うときに肝心なのは、聴衆を萎えさせてしまうNGワードを言わないこと、第一声の印象、それからの話題への導入です。いったん自分のトピックに入ってしまえば、そのまま波に乗って、準備してきた内容を話していけます。クロージングもいくつかよくある形式が決まっているので、事前に英語表現のレパートリーに入れておきましょう。

◉──プレゼンでついつい言いがちなNGフレーズ

私は学会やビジネスの場で、英語のノン・ネイティブの人たちの多くのプレゼンを見てきました。あるとき日本人のプレゼンでよくある共通点に気づきました。中国人、韓国人、ヨーロッパ、他の国からのノン・ネイティブの人たちのプレゼンではまず見ない、日本人に特有のプレゼン現象。それは、自分の英語を自虐的に語ることです。
「Sorry, my English is not good.」（英語が下手ですみません）とか、「My pronunciation is bad, so please stop me when you don't understand.」（発音が悪いのでわからなかったら止めてください）とか、自分の英語がうまくないことの断りを入れたがる。これは絶対にNGです！

　まず、英語のレベルはプレゼンをしている間にわかるので、改めてうまくないなどと言わなくていい。発音に関しても同様。それでも、話す内容に興味があって聞いている聴衆がそこにいる。**「英語がうまくないです」は、聴衆にとって、非常に興醒めで、なんだかかわいそうな気がして気が散ってしまいます。**

　また、聴衆はプレゼンであなたから何かを学ぼうとしています。何かを教えてくれる人が、弱気で自信なさげだったら、そんな自信のない人が言っている内容を信じようと思えるでしょうか？　聴衆のほうとしては、プレゼンの内容が頭に入りづらくなってしまいます。

　特に英語のプレゼンでは、**ネイティブたち同士でも、自**

信なさげなフレーズや誤解を与えてしまうようなフレーズは使わないようにするのが定石です。

「英語できません」フレーズ以外に、以下のようなフレーズは言わないように心がけたほうがいいと言われています。

お断り＆自虐フレーズ

- **I'm not an expert, but...**
  (専門家ではないのですが…)：プレゼンの内容の信頼性を損なってしまいかねません。

- **Sorry if this is confusing...**
  (もしわかりにくかったらすみませんが…)：だったらわかりやすく話しましょう。聴衆がプレゼンの明確さに疑問を持ってしまいます。

- **I'll try to keep this brief...**
  (できれば短めに話そうと思いますが…)：短めにしようということは、今現にだらだら冗長になっているのかと思わせてしまいます。

- **I hope I don't bore you...**
  (退屈させていないといいのですが…)：ネガティブで興醒めな感じを与えるのでNGです。

誤解を与えてしまうフレーズ

- **You know what I mean?**
  (言っていることわかりますか？)：プレゼンの内容にあまり確信が持てていない、準備ができていないという印象を与えてしまいます。

- **As I said before...**
  (先ほど言ったように…)：繰り返しで冗長になっているという印象を与えてしまいがち。もしくは、「さっきも言ったからわかってるでしょ」と高圧的に聞こえてしまうかもしれません。

- **As you can clearly see...**
  (明らかにわかるように…)：こちらも同様に、「簡単だからわかりますよね」と高圧的な印象につながりかねません。

- **Bear with me...**
  (ご辛抱ください…)：あまりプレゼンの準備が整っていない、もしくは、何かプレゼンに問題があるかのような印象を抱かせてしまいます。

こうしたフレーズによって、プレゼンの内容と関係のないところで印象を悪くしてしまってはもったいないです。

自分の伝えたいプレゼンの内容がより聴衆に伝わりやすくなるようにフォーカスして、自分の英語がうまくないことや、その他の言い逃れや誤解を招くような表現は避けましょう。

◉──プレゼン開始のスターター・フレーズ

避けるべきNG文句の次は、プレゼンで便利に使える表現を見ていきましょう。

まずは何事も初めが肝心。それはもちろんプレゼンにも当てはまります。最初の文句はナチュラルに練習したところをスラスラッと話して、ストレスなく本題に入っていけるようにしたいものです。

特に出だしは緊張しやすいので、あまり頭で考えなくてもいいくらいマスターしたフレーズを言えるように何度も練習しておくことが大事です。第一声をすんなりと出せれば、自然とプレゼンモードになり、伝えるべき内容に本腰を入れることができます。

オープニングがスムーズにいけば、聴衆もまた、プレゼンに聞き入るスイッチが入ります。それまでは周りの人たちと話していたり、司会者の話を聞いていたところから、「はい、始めます」としっかり区切ることで、自分のプレゼンに注意を引きつけることができるのです。

以下のようなところをマスターして、場面ごとに適宜選

んで使ってみてください。

プレゼンの第一声

- Hello, everyone. Thank you for joining me today.

 (こんにちは皆さん、今日は参加いただきありがとうございます)：第一声の万能フレーズ。これを言ってから、以下のフレーズよりピックアップして加えていけば、より厚みのあるオープニングのルーティンができあがります。

- Thank you all for being here. Let's kick things off by looking at...

 (お越しいただきありがとうございます。それでは始めましょう。まずは、……を見ていきましょう)：「kick off」(始める)はサッカーのイメージからお馴染みだと思いますが、非常によく使う表現です。

- I appreciate your time today—let's get started with a quick overview of...

 (本日はお時間ありがとうございます。まずは、サクッと……の概要から始めましょう)：「start」でもいいのですが、「get started」のほうが「さあ始めましょう」といった感じが出ます。「quick overview」

もプレゼンでは必須。長いプレゼンなら「a quick overview of today's presentation」(今日のプレゼンの概要)として最初に全体の流れから始めるのも常套メソッドの一つです。

- **Thank you for the warm welcome. Today, I'm pleased to present...**
(温かく迎えてくださってありがとうございます。今日は喜んで……をお話しします):最初に紹介を受けてから自分のプレゼンに入っていく場合は、このような入り方もあります。「I'm pleased to...」という表現はあまり日本語では馴染みがありませんが、「I'm excited to...」「I'm thrilled to...」などは、「皆さんにこれが話せるのでワクワクしています」というニュアンスで使います。

●──オープニングから話題に切り込んでいく常套句

オープニングの一言が決まったら、今度は自分の話す内容にシフトしていかなくてはいけません。そのプレゼンのトピックを持ち出すにはテクニックがいろいろあります。以下の各カテゴリーからフレーズを選んで、オープニングの一言につなげましょう。ナチュラルにプレゼンのトピックに誘導できるよう構成していきます。

トピック関連の質問から始める

- I'd like to start with a question...
 (まずは質問から始めたいと思います)

- Have you ever wondered why...?
 (なぜ……だろうと思ったことはありませんか？)

- Let's begin with a question that might surprise you...
 (ちょっと驚きの質問から始めましょう)

イメージ喚起

- Imagine a world where...
 (……というような世界を想像してみてください)

- Let me start by telling you a story...
 (まずは、こんなストーリーから始めましょう……)

- Before we delve into the details, let's take a step back and consider...
 (細かい話に入っていく前に、ちょっと一歩立ち戻って考えてみましょう)

ちょっとドラマチックに

- What if I told you that today's topic could transform our approach to...
  (今日のトピックは、私たちの……に関する考え方を激変させるとしたらどうでしょう)

- What we're going to discuss today is something that affects us all...
  (今日、議論するのは、私たち全員に影響を与えることです)

- I want to begin by highlighting a key issue that we all face...
  (まずは私たち全員にとって、鍵となる問題に焦点を当てたいと思います)

- I want to kick off today's presentation with a bold statement...
  (今日のプレゼンは、大胆な主張から始めたいと思います)

驚きの事実や数字から

- I'd like to start by sharing an interesting fact/statistic...
  (まずは、興味深い事実／数字をお見せしたいと思います)

- Today, we're here to talk about a fact/statistics that's crucial to our future...
（今日は、私たちの未来に重大な事実／数字についてお話ししようと思います）

　テーマや聴衆に合わせて、興味を引く魅力的なオープニングの構成を作りましょう。これらの表現は、プレゼンの途中で新たな話題に移っていくときにも応用できます。

◉──クロージングの決まり文句ベスト5

　次はプレゼンの締めの表現です。「終わり良ければすべて良し」とまではいかなくとも、しっかりとプレゼンの最後を締めくくるのはとても大事です。まさしくこのセクションの「締め」に、内容をひとしきり話し終わってから、プレゼンをクローズするときのフレーズをご紹介しましょう。

---

1. Thank you for your time and attention. I'm happy to answer any questions you may have.
（お時間ならびにご清聴いただき、ありがとうございます。ご質問があれば、喜んでお答えします）

---

2. This brings us to the end of our presentation. Thank you for being such an engaged audience.
(これでプレゼンは終了です。積極的に聞いていただきありがとうございました)

3. I appreciate your participation today and look forward to our next steps together.
(ご参加いただきありがとうございました。次のステップをご一緒できることを楽しみにしております)

4. Thank you for joining me today, and I look forward to continuing this conversation.
(ご参加ありがとうございます。今後もこの議論を続けていくのを楽しみにしております)

5. With that, I'll close and thank you once again for your time.
(これで、終わりにさせていただきます。重ね重ね、お時間ありがとうございました)

③会議が楽しくなる！
知って得するキラーフレーズ

◉──英語の会議の始め方

　プレゼンのように自分であらかじめ準備した内容を話す場合もありますが、会議などでは、その場その場での対応やリアクションが求められます。

　私も渡米したての大学院生のころ、「君はプレゼンでは堂々と饒舌(じょうぜつ)に話せるのに、会議や日常会話ではとっても静かで、なんだか違う感じがする」と言われたことがあります。

　それもそのはずで、その通りでした。プレゼンは事前に自主トレをたくさんしており、また、途中で相手が割って入ってくることも少ないので、スムーズにいく。一方で、会議や日常会話では周りのリズムに合わせて、パッと言葉を出していかなくてはいけないので難度が高い。

　それだけに、場面に応じて使える頻出の便利フレーズを自分の英会話の引き出しに入れておき、必要なときにパッと口に出せることが必要です。

このセクションでは、**会議の始め方、議論の促し方、途中でうまく発言するためのフレーズ、ヒートアップした議論の途中で割って入ったり、トピックを次に進めたりする表現、そして会議を終わらせる常套句**を紹介していきます。

まずは、会議の始め方から。自分の担当プロジェクトや管轄部署の定例会など、自分が会議の進行役の場合はどうすればいいか？

初めに、「会議がこれから始まるぞ」という状況をイメージしてみてください。参加者が集まっており、会議のリード役の人が第一声。そんな感じでしょうか。

その場が「しーん」と静まり返っていることもあれば、参加者が雑談している場合もあるでしょう。そんなときは雑談を遮って「会議を始めますよ」と宣言しなくてはいけないので、第一声がより大事になってきます。

会議の第一声のフレーズとして、まずは、次のようなシンプルなフレーズがおすすめです。

- Thank you all for coming to the meeting!
  (集まってくれて、ありがとう)

- Let's get started.
  (さあ、始めましょう)

私は今でもすべての会議で、部下であっても、来客であっても、忙しい中集まってくれたことに最初に感謝を述べてから始めています。「Thank you all for your time for the meeting particularly during the busy season.」(忙しい中会議に時間を取ってくれてありがとう)。その上で、「Let's get started.」とすると、気持ちよく会議に入れます。

◉──会議前の雑談からうまく会議を始める方法

　その場が「しーん」としているときは、会議を始めやすいものですが、参加者が雑談をしているときなど、なかなか始めにくい場合があります。これは私自身も、いまだに割とイライラしてしまうところです。忙しい時間を割いてみんな集まっているので、少しでも会議の時間を無駄にしたくない……。

　しかし、アメリカなど英語圏での場合の会議前の雑談は、ほぼあると想定しておきましょう。ミーティング前のちょっとしたふれあいで、アイスブレイクの役割も果たしている。まずは参加者同士が打ち解けてから、会議の内容に入っていく習慣があるわけです。参加者同士が和気あいあいと話しているときに、スムーズに会議を始めるためにはどうしたらいいのでしょうか？

　私のお気に入りのテクニックは、その雑談に少し入って、

自分が話す番に回ったときに、そのまま会議に入っていくというやり方です。

例えば、みんなが近所にできた新しいレストランの話で盛り上がっている。行ったことがあるとかないとか。あれがうまいとかまずいとか。そんなときは、「I didn't know of that restaurant, but it sounds like a great place. I will check it out.」(そのレストラン知らなかったけど、いいとこそうだね。チェックしとこう！) などと言う。

そうやって雑談に参加することで、自分の話す順番を獲得できるわけです。そして、すかさず、「Anyhow, let's get started. Thank you so much for your time for the meeting.」(ともあれ、始めましょうか。この会議に時間を割いてくれてありがとう) などと言って、会議を始めます。雑談の中に自ら入って、会話の「マイク」の順番を取ってから話をシフトしていくと、実にスムーズに会議を始めることができるのです。

会議の第一声後は、ミーティングの目的や、話す内容を確認したりするのが常套手段ですよね。以下のようなフレーズが便利です。

- This is a meeting for...
  (これは……のためのミーティングです)

- Here is our agenda today.
  (今日のアジェンダはこちらです)

また、自分で議論を進めるのではなく、会議の議題を他の人に引き渡すときは以下のような表現を使います。

- For the first topic, I will turn it over to Kelly.
  (最初のトピックは、ケリーにバトンタッチします)

「turn it over」は会議やイベントで、次の人にバトンタッチするときによく使われます。オンラインミーティングなどでも頻出する表現です。

それから、最初に重要なトピックの追加や、アップデートがないかどうか聞いたりするのも大切です。

- Does anyone want to suggest any other topics for the meeting?
  (誰か他に、トピックを提案したい人はいますか？)

- Let's go around the table for updates.
  (議論に入る前に、みんなに近況のアップデートをしてもらいましょう)

この辺りの表現を自分の引き出しに入れておけば、よりスムーズに会議を始めることができます。

◉──みんなの議論を促す表現

　さあ、シャキッとした第一声で会議が始まりました！
　会議で議論がスムーズに進んでいく中、「要所要所でもうちょっと聞いておきたい」「より深掘りして話したい」、そんなときもあったりします。そうした状況で便利なフレーズを、次にご紹介しましょう。

意見や考えを求めるフレーズ

- What are your thoughts on this?
  （これについてどんな考えがありますか？）：興味深いトピックや課題が出た際、意見を求めるときの"鉄板"フレーズ。

- How do you feel about this proposal?
  （この提案についてどう思う？）：意見を求める表現ですが、ニュアンスの違いは「よくよく考えた意見でなく、とりあえずの直感だけでもフィードバックが欲しい」ときに。

- Does anyone have any concerns?

（誰か問題があると思う人はいますか？）：何かの意見に対して「心配にさせるようなことはあるか」「何か差し障りがあるか」「気になることはないか」という問いかけに。

- **I'd love to hear your input.**
  （あなたの意見が聞けたら幸いです）：何か聞かれたときに、それに対して「データをインプット」するというようなイメージで。議論のトピックに対しての「input」は、意見を求める表現になります。

議論をさらに展開したい

- **That's an interesting point. Can you elaborate on that?**
  （興味深いポイントです。もう少し詳しく説明できますか？）：詳細に考えを述べることを「elaborate」と言います。意外によく出てくる表現です。

- **This seems important; can we dive deeper into this?**
  （これは重要そうですね。この点を、より突っ込んで議論できますか？）：「dive in」で話題に飛び込んでいく、つまり議論することを表します。「dive deeper into」でさらにその話題を突っ込んで議論していく

というようなニュアンスになります。「dig deeper into」も似たような表現で「dig」はまさに、話題を深掘りするという意味です。

- **I think this warrants more discussion. What do others think?**
(これはもっと議論が必要です。他の人はどう思いますか？)：「warrant」は「正当化する」「保証する」「根拠を与える」という元の意味から、何かが「～するに値する」や「～を必要とする」というニュアンスでしばしば使われます。

◉──自分の発言のいいタイミングとうまい切り出し方

　ここまで会議の進行側のフレーズを紹介してきましたが、会議は会話、すべての参加者があれやこれやと意見を出しながら、議論していく場です。進行側も、参加者も、議論に参加して、会話の中で自分の意見を表明することが求められます。

　議論に入り込んでいくのはなかなか難しいもの。英語を母語としない私たちにとっては至難の業です。突拍子もなく、前の人の意見に関係のない自分の意見を主張しても、歯車の嚙み合わない会議になってしまいます。だからといって、ひたすらタイミングを待ち続けても、会議は終わっ

てしまいます。

　ではどうやって、周りの参加者からいったん「マイク」を引き継いで、自分の番に持ってくることができるのか？ **まずは、自分が話したいという意思を他の人たちにわかりやすく、それでいて、さりげなく伝える必要があります。**
　対面の会議なら、進行役の目を見ながら、手を挙げて話したいことをアピールしてみるのもいいでしょう。ネットならば、挙手のアイコンを使ったり、自分のマイクのミュートを外すことで次に話したいという意思表示をできたりもします。
　さらに対面ならば、話している人と目を合わせて、頷きながら、「Right」(そうそう)「I agree」(同意)などの小さな合いの手をさりげなく入れていくのも効果的です。合いの手で「この人は話を聞いているな」「話したそうだな」とみんなにアピールできます(合いの手の表現はStage 3でたっぷりご紹介します)。
　その上で、話している人が終わりそうになったら、フライング気味に深めに息を吸い込みましょう。わざとちょっと音を立てて「スッ」と。その音が少し伝わると、周りも「どうぞどうぞ」といった感じになるので、スムーズに話に加わることができます。
　そして、**直前の人の発言につなげたり、リアクションしたりしながら、自分の発言を始めていきます。**そうするこ

とで、自分の意見を突拍子もなく発言するような印象を避けることができます。そのときに便利なフレーズを、以下に並べておきましょう。

- **Building on what was just said, I'd like to add...**
(先ほどのお話を踏まえて、追加したいと思いますけれども、……）：「Build on」は、すでに出てきたアイデアや発言などをもとに、議論をさらに積み立てるというニュアンスで、議論を発展させたり、追加したりすることを意味します。

- **That's a great point, and...**
（それは、いいポイントですね。そして……）：相手の言ったことに必ずしも直接的に返答する内容でなくても、こう言ってから自分の話に入ると、しっかり議論に沿って話している好印象を与えられます。

- **I completely agree what's been said, and...**
（ここまで言われたことに、完全に同意見です。そして……）：これまでの意見に同意してさらに議論を深めたり、新しい論点を持ち出したりするのに便利な表現です。新しい論点を続けて示したいならば、「and」の後に「here is another things to think about...」（もう一つ考えるべき点は……）などと続け

ることができます。

- **This brings up another important point I'd like to discuss.**
 (これは、私が議論したいもう一つの重要な点を提起してくれます)：「bring up」は「話題を持ち出す」「提起する」です。前の人の発言が自分の話したかった点を導き出してくれた、というニュアンスになります。

- **This reminds me of a point that was raised earlier.**
 (この点は、前に挙げられていた点を思い出させてくれます)：「This reminds me of」は、前の人が言ったことから連想することを引き合いに出す言い方です。人の発言にリアクションした体（てい）で、ある意味で、なんでも引き合いに出せる便利表現です。

- **Just to add to that thought...**
 (その考えにちょっと足すと……)：前の人の言ったことから、さらに発展させたり、コメントを付け加えたりするのに便利です。

- **Following up on that idea...**
 (そのアイデアに追加すると……)：「follow up」は、

何かが行われた後に、その進捗状況や結果を確認したり、さらに対応を行ったりすることを指します。そうした「追加対応」のニュアンスで、議論のトピックについて何か追加発言をしたいときに使えます。

- **Expanding on what you just said...**
 (君の言ったことからさらに広げて……)：「expand on」は「広げる」「詳しく説明する」という意味で、相手の発言に基づいてさらに詳しく掘り下げるときに使います。会議で相手の意見を尊重しながら、自分のアイデアや情報を追加し、話を発展させるのに便利です。

●──ヒートアップした議論に割って入る

　会議のディスカッションが進み、様々な意見が飛び出してくる中で、議論が意図せぬ方向に進んでしまうこともあるかもしれません。

　例えば、相反する意見が出てきて、言い合いになる。その結果、水掛け論で議論が堂々巡りしてしまう。中には、自分の思うように論議が進まずフラストレーションが溜まり感情的になる人も。

　そんなときは、いったんディスカッションを仕切り直さなければなりません。ヒートアップした議論にうまくコメ

ントを挟んで、ディスカッションの悪いスパイラルを断ち切るきっかけを作りたい。そうした場合に、失礼にならずに会話に割って入る表現がいくつかあります。

- **If I may interject for a moment...**
  （ちょっとだけ、割り込んじゃってもいいですかね……）：「interject」は「口を挟む」「割り込む」の意味。「If I may」は丁寧で、「少し発言させていただけるなら」のニュアンスです。話を中断して自分の意見を述べたいときに使う、丁寧で礼儀正しい表現です。

- **I'd like to add something here, if that's alright.**
  （ここでちょっと付け加えたいのですが、よろしいでしょうか）：「add something」を使って「自分の意見や情報を追加したい」気持ちを込められます。前の「interject」は、話を中断するニュアンスが強いのに対し、こちらの「add something」は、より穏やかに流れに沿って発言を追加するイメージです。

- **Can I just jump in quickly?**
  （ちょっとだけ割り込みいいですか？）：「jump in」は「（会話に）割り込む」というカジュアルな表現で、話の途中で素早く意見を言いたいときに使います。上2つの表現と比べてかなりカジュアルで軽い感じ

なので、フレンドリーな会話やリラックスした雰囲気のディスカッションに適しています。フォーマルな場では少し砕けすぎている可能性があるので気をつけてください。

- **Excuse me, but I have a point I'd like to share.**
（すみません、共有したいポイントがあります）：
「Excuse me」で丁寧に相手の注意を引き、「I have a point I'd like to share」で、自分が言いたいことがあるのを伝えるフレーズです。この表現は、礼儀正しい言い回しですが、少し直接的なのでどうしても割って入らなければいけないときに、丁寧ながらも強い意思を感じさせます。

ここに挙げた表現は、議論がヒートアップしているときだけではなく、話が長引いて堂々巡りになっているときや、話題を転換するときにも使える便利なフレーズです。ぜひ覚えて使ってみてください。

◉──次のトピックに移りたいとき

さて、論議が白熱したり堂々巡りになったりしなくても、ミーティングでいろいろ話さなくてはいけないときには、想定の時間を超えて議論が長引いてしまうこともあります。

良い議論なんだけれども、どうしても次に進まなくてはいけない。そんなとき、どのような言葉をかければスムーズに次のトピックに移れるのか？

日本語の場合でも同じ苦労がありそうですが、ミーティングの進行をうまく調節するのに便利な、タイムマネージメントのフレーズも紹介しておきましょう。

- **We're running short on time, so let's move on.**
 （時間が押しているので、次に進みましょう）：「running short on time」は「時間が不足している」。会議で、時間が限られていることを強調するフレーズです。「move on」は「先に進む」というカジュアルな表現です。

- **To stay on schedule, let's wrap this up.**
 （スケジュール通りに進めるために、これをまとめましょう）：「on schedule」は「予定通りに」「計画に沿って」で、「stay on schedule」は「スケジュールを守る」という意味を表します。「wrap up」は「何かを終わらせる」「まとめる」という意味で、会議やディスカッションを終了する際によく使われます。

- **Can we table this discussion for now?**
 （この議論をひとまず保留にしてもよろしいでしょ

か?):「table」はアメリカ英語で「後回しにする」「保留にする」という意味で使われますが、イギリス英語では逆に「議題に上げる」という意味になるので、注意が必要です。ここでは「for now」、すなわち「今のところは」とつけて、議論を後回しにする、後でまた取り上げるという意味を示します。

- **Let's revisit this in our next meeting.**
 (この件は、次の会議で再度取り上げましょう):「revisit」は「再訪する」「もう一度検討する」という意味で、今すぐ解決できない問題や、より多くの時間や準備が必要な議題を、次の会議で再度話し合うように提案する際に使います。

●──会議の上手なまとめ方

ミーティングで良い意見が出て、議論が盛り上がった。しっかりと締めくくり、次につながるようにクロージングしたい。そんなときに便利なフレーズをご紹介してこのセクションの最後としましょう。

- **To summarize our discussion...**
 (議論をまとめると……):「summarize」は「要約する」。「our discussion」は「私たちの議論」ですが、

会議中に行われた全体の議論や主なポイントを指しています。会議の終盤で話し合った内容を簡単に振り返り、重要なポイントを整理して、会議を締めくくるのによく使われる表現です。

- **Let's confirm the next steps.**
 (次のステップを確認しましょう)：会議の終わりに、今後のアクションプランや責任の所在を確認する際に使われます。次に何をすべきかを明確にするために重要な表現です。

- **Before we finish, are there any final thoughts?**
 (終わる前に、何か最後に意見や考えはありますか？)：「final thoughts」(最後の意見)で、会議やディスカッションの終了前に参加者が追加で話したいことがあるかを確認します。改めて参加者に問いかけて、重要な意見を見落とさないための配慮のフレーズです。

- **Thank you for your contributions today.**
 (本日はご協力いただき、ありがとうございました)：「contributions」は、会議やプロジェクトにおけるアイデアの提供や作業への協力に対して感謝の意を表す際に使います。礼儀正しく会議を締めくくるのに非常に適した表現です。

このセクションで紹介した表現は、どれもよく使われます。日頃から自分のものにして、会議の必要な場面でパッと出せるように準備しましょう。まずは、一気に何個も覚えようとせず、2、3個くらいずつ、気に入ったものから覚えていくようにするといいでしょう。

④失敗しないビジネスメールの テンプレート

◉——意外に知らない英語ビジネスメールの書き方

次は、メールです。ミーティングやプレゼンに並んで、ビジネスでのコミュニケーションの中核を成すと言ってもいいでしょう。

メールは、プレゼンやミーティングと違い、目の前の相手に即座に対応する必要がないので、翻訳ツールやAIをじっくり使って作成することができます。しかし、メールでのコミュニケーションは、文字だけのやりとりになるので、表情や文脈が伝わりにくかったり、その場その場で誤解を解消することができないので、メールにはメールなりの難しさがあります。

特にビジネスの場面では、以下のようなポイントに気をつけてメールを書くのがおすすめです。

1. シンプルで簡潔な構成を心がける。
2. 始まりと終わりでしっかりとビジネスのトーン

を出す。
3．回りくどい言い方を避ける。
4．リクエストはビジネスフォーマルに言い回す。
5．「NO」を言うときは丁寧な表現を使う。

これら5ポイントをそれぞれ解説しながら、便利な英語フレーズを紹介していきましょう。

●──絶対知るべきメール構成の基本

メール作りはシンプルに、「オープニング」「ボディ」「クロージング」の3部で構成しましょう。

オープニングでは、宛名をしっかり表記して、決まり文句の挨拶をしていきます。クロージングでも決まり文句を入れて挨拶をして、自分の名前で締めていきます。

ボディの部分で、メールの中で伝えたい内容を書いていきますが、こちらは以下のような順番で構成するのがベストです。

A．**メールの目的**：まず第1文でどうしてメールをしているかをはっきりと明確に伝えましょう。
B．**内容**：その後に内容を簡潔に述べていきます。
C．**次のステップ**：次に相手に何をしてもらいたいかを、簡潔かつ丁寧に述べます。

こうした構成でメールを書くと、以下のようになります。

> Dear Prof. Miyazaki,
> I hope this email finds you well. I am writing to provide an update on the ABC project. We have completed the initial phase and are moving into the final stages of development. Please let me know if you require any additional information or would like to schedule a meeting to discuss further.
>
> Thank you for your continued support.
>
> Best regards,
>
> Tomohiro Hoshi

　まずはオープニングですが、「Dear Prof. Miyazaki」と宛名をつけてから、「I hope this email finds you well.」(お元気でお過ごしのことと存じます) と挨拶しています。クロージングも、「Thank you for your continued support.」(引き続きのサポートありがとうございます) とお礼を言ってから、「Best regards」と締めの決まり文句をつけて、自

分の名前で締めくくっています。

　オープニングとクロージングの決まり文句はいくつか頻出のフレーズがあるので、次のセクションでリストアップしていきます。

　メールのボディにあたる部分ですが、オープニングの挨拶の後、すぐに「I am writing to provide an update on the ABC project.」（ABCプロジェクトに関する報告をするために書かせていただいております）とメールの目的を述べて、次の文章で、初期のフェーズから開発の最終ステージまで至ったことを述べています。その上で追加情報が必要だったり、ミーティングをしたければ「Please let me know...」と次のステップを促しています。

　もちろん、いつもこのように短いメールになるわけではありません。特にボディのところが数パラグラフぐらいになることもあるでしょう。それでも、全体をこのような3部構成に落とし込むと、読みやすくてビジネスに適したメールになるので、ぜひマスターしてください。

◉──メールの書き始めのルール

　次に、それぞれの部分に使えるフレーズを見ていきましょう。まずは、書き始め。オープニングで、相手への呼びかけの際に使う表現です。

1．**Dear Mr./Ms./Dr.［苗字］**：最もスタンダードな宛名の書き方です。「Ms.」は「Miss.」や「Mrs.」のように未婚、既婚で分けなくても済むので、より頻出です。

2．**Dear［肩書き］［苗字］**：「Prof.」（教授）や「CEO」（社長）などの肩書きを苗字の前につけて書くことも、フォーマルなビジネスの場面ではしばしばあります。反対に、同僚や慣れたビジネス相手であれば、「Dear John」のようにファーストネームで宛名を書くのが日常的です。

3．**To whom it may concern,**：「関係者各位」の意味で、主に相手が特定できない場合や、広い範囲の人々に向けて書かれた正式な手紙やメールで使用される表現です。このフレーズは、推薦状、紹介状、一般的な問い合わせなどでよく見られ、受け取る相手が特定の個人ではなく、不特定多数や組織全体に向けたものです。

4．**Dear Sir or Madam,**：手紙やメールで相手の名前や役職がわからない場合に使用される、非常に丁寧な挨拶表現です。受け取る相手が男性か女性かもわからない場合に使われ、特にフォーマルな文書やビジネス

コミュニケーションで使用されます。

　これらの表現はフォーマルですが、最初の2つは日常的にも使われます。日本語の「拝啓　XYZ様」までかしこまっている感覚ではありません。ビジネスメールで「拝啓　XYZ様」とは始めませんからね。

　ちなみに、「Mr./Ms./Dr.」や肩書きの後は、「苗字」であることを再確認しておいてください。 ビジネスのコンテキストでも親しくなってくると「Dear John」というように、しばしばファーストネームでやりとりするようになります。

　最近、私の友人のスタートアップ企業の日本人CEOに、これまた私の友人のGary（仮名）というファーストネームのアメリカ人男性のCEOを紹介する機会がありました。私がまずGary宛のメールで「Dear Gary」と始めて、日本人CEOを紹介。それに対し、さっそく返信した日本人のCEOが、「Dear Mr. Gary」と丁寧なつもりで返してしまいました。

　そのときはGaryも英語表現のニュアンスの認識不足によるトラブルだということをすぐに察知してくれていたので問題はなかったのですが、「Mr./Ms./Dr.」や肩書きをファーストネームにつけると、ものすごく親しい仲でふざけて呼び合っているというようなニュアンスになってしまうので、一般的には、気をつけなくてはいけません。

◉──絶対外さない挨拶の"鉄板"フレーズ

　続いて、宛名の後に使えるオープニングの挨拶で、私のお気に入りを紹介しましょう。私はこれ以外のフレーズは、ほとんど使いません。
　まずは、「お元気ですか？」「お元気のことと存じます」「お元気でお過ごしのことと存じます」というニュアンスの表現です。

- I hope you are doing well.
- I hope this message finds you well.

　英語のビジネスコミュニケーションでは、一般に、こうした相手の健康や近況を気遣う丁寧な表現がメッセージのオープニングによく使われがちです。日本語では、時候の挨拶や「いつもお世話になっております」などと、ちょっとした違いがあります。
　それから、少し慣れた相手だと「I」を落として「Hope you are doing well.」と言ったりします。この「I」を落とす形はこの後出てくる表現にも使えますが、よりカジュアルなニュアンスが出るので、親しい相手とのビジネスの文脈で使うほうが安全です。

　他によくある挨拶として、「その日」「その週」「その月」

が「うまくいっていることと思います」という趣旨で挨拶
することもよくあります。

- I hope your day is going well.
  （良い一日をお過ごしのことと存じます）

- I hope you've had a great start to the month.
  （良い月の始まりを迎えられたことと存じます）

- I hope your week is going well as it comes to a close.
  （週も終わりに近づきますが、良い週を過ごされていると存じます）

それから、相手のメールに返したり、最近出会った相手にメールをする場合には、感謝の挨拶から始めるのが大変おすすめです。書き出しが明るくなって、全体が非常にポジティブなメールになります。

- Thank you so much for your message!
  （メッセージありがとうございます）：相手のメールに返信するときの一言。慣れた相手なら、「Thank you so much for your message, John!」というように名前を入れて、最初の呼びかけと宛名の部分を

省くこともしばしばあります。

- Thank you so much for the meeting today!
(今日のミーティングありがとうございました！)：ミーティングの後にまとめを確認したり、フォローアップするときに便利な書き出しです。

- Thank you so much for the wonderful dinner yesterday!
（昨日のディナーをありがとうございました）：ギフトやアドバイス、相手から受けた最近の厚意に感謝しながらメールを始めるのもいいですね。

特にメールは表情や文脈が見えにくいので、感謝から始めるのが、明るくポジティブな印象を与えるのに非常に便利なオープニングのテクニックです。

　十数年前に、とても明るくて優しい先生が、私が運営するスタンフォード・オンラインハイスクールで働いていました。話し方から文章のすみずみまで、明るくてほんわか、ポジティブが伝わってくるような先生でしたが、その先生のメールの始めと終わりの挨拶が、いつも「Thank you for…」や「Thanks!」などの感謝の言葉でした。

　たとえ意見が合わなかったり、「No」と言わなくてはいけないときでも、**感謝で始まり、感謝で終わると、敵対的**

な意識があるわけではないのが伝わり、メールの内容がスッと入ってくるのを実感して、それ以来私も見習っています。メールを書くときには、始まりと終わりの感謝のサンドイッチを心がけましょう。

●——メールをきれいに締める方法

　メールの始め方を押さえたので、次に、締めくくり方を見ていきましょう。クロージングは、定型のフレーズをいくつか押さえて使い回すことができます。
　まずは、メールの結び方ですが、前述のメール例文の締めに見られるように、「Best regards」などの定型の締めの言葉の後に、自分の名前を置いて締めくくるのが鉄則です。

「Best regards」は日本語で言う「敬具」などにあたる部分ではありますが、そこまでかしこまっておらず、ビジネスでもカジュアルでも日常的に使う締めの言葉です。どちらの場面でも、「どうぞよろしくお願いいたします」くらいのニュアンスです。同様の表現に「Kind regards」「Sincerely」「Respectfully」や、よりシンプルな「Best」などもありますが、どれも意味に違いはありません。

　これらの結びの言葉と自分の名前の後には、自分の肩書きや連絡先などを記すのもしばしばある形です。私の場合

は、次のようになります。

> (メール本文)
>
> Best,
>
> Tomohiro Hoshi, Ph.D.
> Head of School
> Stanford Online High School

「博士」という意味で「Ph.D.」それから、「校長」で「Head of School」、自分の所属で「Stanford Online High School」です。

さて、続いて、こうした決まり文句の締めの前に、メールの内容を締めくくる挨拶を添えるのが通例です。いくつか便利な例文を挙げておきましょう。

- Please let me know if you need any further information.
  (より詳しい情報が必要ならばお伝えください)

- If you have any questions, feel free to contact me.

（ご質問ありましたら気軽にお問い合わせください）

- I look forward to hearing from you.
  （ご返信お待ちしております）

　私は、上のような挨拶をしてから、あえて前述の「敬具」的な決まりの締め文句を避けて、「Thanks!」で締めるのが好きです。

（メール本文）

I look forward to hearing from you.

Thanks!

Tomohiro Hoshi, Ph.D.
Head of School
Stanford Online High School

　こうするといい印象で、少しきつめの内容でも、相手に必要以上に悪い印象を与えずに済みます。また、少しカジュアルでフレンドリーな感じも出ます。
　また、感謝の意を示す挨拶をしてから、決まりの締めフレーズを使うパターンもアリです。

- Thank you for your time and consideration.
  （お時間、ご配慮いただきありがとうございます）

- Thank you for your support.
  （ご支援ありがとうございます）

- Thank you in advance for your help.
  （事前にはなりますが、ご支援ありがとうございます）

例えば、以上のような表現を入れてから、決まり文句で締める以下のようなパターンもおすすめです。

```
（メール本文）

Thank you for your support!

Best,

Tomohiro Hoshi, Ph.D.
Head of School
Stanford Online High School
```

何事も終わりの印象は大事なので、こうした定型の形を

使ってサクッとプロフェッショナルなメールの体裁を整えましょう。

●──迷ったら語数が少ない表現を

メールの全体の構成とオープニング、クロージングと見てきましたが、メールの本文を書くときには、表現をシンプルでわかりやすくすることを意識しましょう。忙しい中メールを読んでもらうのなら、短時間でサクッと理解してもらえる表現をしていくのが得策ですし、煩わしくて長い文章では、誤解を与えてしまうかもしれません。

例えば、以下の2つの文を見てみましょう。

1. I would like to take the opportunity to discuss the matter further at your earliest convenience.
（ご都合の良いときにこの件についてさらにお話しさせていただきたいと思います）

2. Let's discuss this when you have time.
（時間があるときに話しましょう）

1と2は、どちらも「なる早で話しましょう」という内容ですが、1は長くて丁寧なのに対して、2のほうが短く簡潔です。

他にも、同じような例があります。

1. It would be greatly appreciated if you could kindly provide us with the necessary documentation at your earliest possible convenience.
（お手数ですが、できるだけ早く必要な書類をご提供いただけると大変ありがたく存じます）

2. Please send us the necessary documents when you can.
（ご都合の良いときに、必要な書類をお送りください）

別の例もあります。

1. Should you have any further questions or concerns regarding the matters previously discussed, please do not hesitate to reach out to me at your convenience.
（以前に話し合った件についてさらにご質問やご不明な点がございましたら、どうぞご遠慮なくご連絡ください）

2. If you have any questions, feel free to contact me.

(ご質問があれば、どうぞお気軽にご連絡ください)

　いずれのペアでも1のほうが丁寧で長く、2が簡潔で短い。ビジネスコンテクストなので、ついつい丁寧な言い方になってしまいそうですが、どちらにしようと迷ったら簡潔な言い方を選びましょう。

　もちろん、相手が全く知らないクライアントだったり、格段に目上の相手だったりすれば、丁寧さが優先するような場合もあるでしょう。一方で、すでに知っている取引先や同じ会社の人など、フォーマルな必要はあっても硬すぎる必要もないというようなときは、迷わず、シンプルなほうでいきましょう。

　実は、上記の「It would be greatly appreciated if...」や「Should you have any further questions or concerns regarding...」などの形は私もかなりしつこく使っていたのですが、ビジネスコンテクストで他の人が言っているのを聞いたことはほとんどありません。日本のビジネスの文脈の丁寧さを直訳するとついついこうした表現になってしまいがちですが、丁寧すぎて回りくどく、ちょっと浮いてしまう感じにもなりかねませんので注意しましょう。

●──メールの用件を切り出すためのフレーズ

　いよいよ、本文です。メールの本文で使える、便利な表

現を見ていきましょう。オープニングの後は、用件の概要を述べる必要があります。そのための便利フレーズをいくつか挙げておきます。

まずは、非常に万能な、案件の切り出しフレーズを5つまとめて紹介しましょう。

- **I am writing to inform you about...**
（……についてお知らせいたします）
  - I am writing to inform you about the upcoming changes to our schedule.

  （今後のスケジュールの変更についてお知らせいたします）

- **I am writing to request...**
（……をお願いするためにご連絡いたしました）
  - I am writing to request your feedback on the recent project.

  （先日のプロジェクトにフィードバックをお願いしたく連絡いたします）

- **I am contacting you regarding...**
（……に関してご連絡差し上げます）
  - I am contacting you regarding the meeting scheduled for next week.

  （来週予定されている会議に関してご連絡差し上げます）

- **The purpose of this email is to...**
 (このメールの目的は……です)
  - The purpose of this email is to confirm your attendance at the event.
 (このメールの目的は、イベントへのご出席を確認することです)

- **I am reaching out to inquire about...**
 (……についてお伺いしたく、ご連絡差し上げました)
  - I am reaching out to inquire about the status of our contract.
 (契約の状況についてお伺いしたく、ご連絡差し上げました)

　実際、この5つだけ押さえておいて、気分や文脈によって使い分けるだけで十分かもしれませんが、こうした一般的な案件の切り出し方に加えて、すでに起こったコミュニケーションに触れてから用件を述べるような言い方も非常に便利なので、チェックしておいてください。

- **I would like to follow up on...**
 (……について追ってご連絡いたします)
  - I would like to follow up on our previous

meeting regarding the project timeline.
(プロジェクトのタイムラインに関する前回の会議について追ってご連絡いたします)

- **Following up on our conversation, I wanted to...**
(先日の会話を踏まえ……したいと思います)
  - Following up on our conversation, I wanted to clarify a few points from the meeting.
  (先日の会話を踏まえ、会議のいくつかの点を明確にしたいと思います)

- **As we discussed, I am writing to provide more details on...**
(お話しした通り……の詳細をご連絡いたします)
  - As we discussed, I am writing to provide more details on the upcoming event.
  (お話しした通り、今後のイベントの詳細をご連絡いたします)

- **With reference to your last email, I would like to...**
(前回のメールに関連して……したいと思います)
  - With reference to your last email, I would like to schedule a follow-up call.

(前回のメールに関して、フォローアップの電話会議を設定したいと思います)

- **As per our agreement, I am writing to...**

(合意に基づき……についてご連絡いたします)

  - As per our agreement, I am writing to provide the finalized contract.

(合意に基づき、最終契約書についてご連絡いたします)

以上の表現を駆使して、メールの書き出し挨拶の後に、はっきりと用件を伝えるように心がけましょう。

◉──失礼なくリクエストを伝える表現

用件を切り出してから、相手に何かお願いごとをしなければならないときがしばしばあります。特にビジネスの文脈であれば、失礼のないように丁寧に自分のリクエストを伝える必要があります。そんな場合に便利な表現も、リストアップしておきましょう。

まずは、ごく一般的なお願いの仕方の代表的なフレーズを5つご紹介しましょう。

- **Would it be possible to...?**

(……することは可能でしょうか？)

・Would it be possible to reschedule the meeting?
(会議のスケジュールを変更することは可能でしょうか？)

・**Could you kindly send me...?**
(……をお送りいただけますか？)

・Could you kindly send me the updated document?
(更新された書類を送ってもらえますか？)

・**Would you be able to assist with...?**
(……を手伝っていただけますか？)

・Would you be able to assist with the preparation of the report?
(レポートの準備を手伝ってもらえますか？)

・**Can I ask you to confirm...?**
(……を確認していただけますか？)

・Can I ask you to confirm the meeting time?
(会議の時間を確認していただけますか？)

・**Could you get back to me by [日付]?**
([日付]までにご連絡いただけますか？)

・Could you get back to me by Friday?

（金曜日までにご連絡いただけますか？）

　また、お願いとして相手から何らかの情報や説明、反応などをもらいたいときもしばしばあるので、以下のような表現も押さえておくと便利です。

- **Could you let me know if...?**
  （……かどうかお知らせいただけますか？）
  - Could you let me know if the development proposal was accepted?
  （開発提案が受け入れられたかどうかお知らせいただけますか？）

- **I would appreciate it if you could inform me about...**
  （……についてお知らせいただけますと幸いです）
  - I would appreciate it if you could inform me about the current status of the project.
  （プロジェクトの現状についてお知らせいただけますと幸いです）

- **Can you provide me with an update on...?**
  （……の最新情報を教えていただけますか？）
  - Can you provide me with an update on the

marketing plan?
(マーケティング企画の近況を教えてもらえますか？)

- **Could you clarify...?**
(……について説明〈確認、解説〉してもらえますか？)
  - Could you clarify the deadline for the report?
(レポートの締め切りを再確認していただけますか？)

- **Would you be able to share more details on...?**
(……の詳細を共有いただけますか？)
  - Would you be able to share more details on the upcoming event?
(今後のイベントの詳細をお教えいただけますか？)

ビジネスならではの確認や承認、スケジューリングなどのフレーズもリストアップしておきましょう。こちらも非常に便利な表現ばかりです。

- **Please take a look at... and let me know your thoughts.**
(……をご確認いただき、ご意見をお聞かせください)
  - Please take a look at the attached document and let me know your thoughts.
(添付の書類をご確認いただき、ご意見をお聞かせくだ

さい）

- **I would be thankful if you could look into this matter.**

  （この件をご確認いただけるとありがたいです）

  • I would be thankful if you could look into this matter by the end of the week.

  （今週末までにこの件をご確認いただけるとありがたいです）

- **I would like to request your approval on...**

  （……についての承認をお願いしたいです）

  • I would like to request your approval on the revised budget.

  （修正された予算についての承認をお願いしたいです）

- **Would it be possible for you to review...?**

  （……をご確認いただけますか？）

  • Would it be possible for you to review the contract by tomorrow?

  （明日までに契約書をご確認いただけますか？）

- **Please confirm your availability by [日付].**

  （[日付] までにご都合をお知らせください）

- Please confirm your availability by next Wednesday.

(次の水曜日までにご都合をお知らせください)

◉──ビジネスに必須な上手な「No」の伝え方

さらに、ときにはメールの中で相手に「No」を伝えなければいけないことだってあります。相手からのリクエストやお願いを断ったり、これまで進んでいた計画を白紙に戻したりしないといけないこともあるでしょう。また、相手が無茶振りしてきた場合も、しっかり「No」と言わないといけません。

とはいえやはり、ビジネスの文脈なので、これからのつながりやコラボの可能性も考えて、失礼のないように建設的に「No」を伝えないといけません。

そうしたときに便利なフレーズをご紹介しましょう。

- **Unfortunately, I am unable to...**

(残念ながら、……することができません)

- Unfortunately, I am unable to attend the strategy meeting tomorrow due to an overlapping conference that I must present at.

(残念ながら、明日行われる戦略会議には、同時に行われる別の会議での発表があるため、参加することができ

ません)

- **I regret that I cannot...**
(申し訳ありませんが、……できません)
  - I regret that I cannot join the project team at this stage, as I am currently committed to several other high-priority initiatives.

(申し訳ありませんが、現在複数の優先度の高いプロジェクトに関わっているため、現段階でプロジェクトチームに参加することができません)

- **I'm afraid I won't be able to...**
(恐れ入りますが、……できそうにありません)
  - I'm afraid I won't be able to complete the report by Friday as initially planned, due to unexpected technical issues with the data collection.

(恐れ入りますが、データ収集で予期せぬ技術的な問題が発生したため、当初の予定通りに金曜日までにレポートを完成させることができそうにありません)

- **I appreciate the opportunity, but I must decline...**
(貴重な機会に感謝いたしますが、……を辞退させていただきます)
  - I appreciate the opportunity to lead the new

initiative, but I must decline due to my current leadership role in another major project.
(新たなイニシアチブを主導する機会に感謝いたしますが、現在別の大規模なプロジェクトでリーダー役をしており、辞退させていただきます)

• **I would love to help, but at this moment I am unable to...**
(お手伝いしたいのですが、現時点では……できません)
 • I would love to help with the product launch event, but at this moment I am unable to commit due to the final stages of our budget review process.
(製品発表イベントをお手伝いしたいのですが、現在予算見直しの最終段階にあるため、今のところ参加することができません)

これらの表現に見られるように、丁寧でもしっかりと「No」を意思表示することが大事です。例えば、同僚から「週末のイベント、手伝ってくれない?」と頼まれたとします。本当は他の予定があって手伝えないけど、「遠慮」をして「ちょっと忙しいかもしれないけど、様子見てみるね」と答えてしまうと、「もしかして手伝ってくれるかも!」と相手に間違った期待を持たせてしまい、同僚のイ

ベントの進行に影響を与えてしまうかもしれません。

　日本だけでなく、そうした煮え切らない返答はよくあることで、私もスタンフォード・オンラインハイスクールの運営の中でそのような反応が出てきたときは、あえて問い直して「No」なのか「Yes」なのかをはっきりさせるようにしています。

　さて、「No」を言うときに、自分の好き嫌いによる決断ではないことを伝えることができると、お互いに気まずくならなかったりもします。「行きたくないから行きません」ではなく、「先約があるため行けません」と言うほうが、仕方ない事情を察してもらいやすくなります。そんなときに便利な表現は次の通りです。

- **Due to prior commitments, I am unable to...**
（先約があるため、……できません。）
- Due to prior commitments, including an international business trip that has been planned for months, I am unable to attend next week's executive retreat.
（先約があり、数ヶ月前から予定されている海外出張があるため、来週の経営陣のリトリートに参加することができません）

- **Unfortunately, ... falls outside of my scope of oversight.**

 (残念ながら、……は私の管理範囲外です)

 • Unfortunately, this particular issue with supply chain management falls outside of my scope of oversight, but I can introduce you to the appropriate team who handles this area.

 (残念ながら、このサプライチェーン管理に関する問題は私の管理範囲外ですが、この分野を担当しているチームをご紹介いたします)

- **I am not in a position to...**

 (…する立場にはありません)

 • I understand the importance of revising the terms of the contract, but I am not in a position to approve such changes.

 (契約条件の修正の重要性は理解しておりますが、私はそのような変更を承認する立場にはありません)

 これらの表現を駆使して、「NO」をスマートに言えるビジネスパーソンになりましょう。自分のためにも相手のためにも、とても大事なビジネスマナーです。

Stage 2　脳が欲するフレーズ〜スーパークールなビジネス英語

◉──メールの締めに向かって次のステップを伝える

　メールの用件をはっきりと伝えたら、次のステップを示唆するのが通例です。メールの締めくくりに向かって、最後の挨拶に入っていくというようなニュアンスもあります。そのような次のステップを示すフレーズは、たいてい以下のようなパターンしかありません。そのときの状況によって、使い分けていきましょう。

- Please let me know if you require any further information.
  （追加情報が必要であればお知らせください）

- I look forward to your feedback.
  （ご返信をお待ちしております）

- I would appreciate your response at your earliest convenience.
  （お早めにご返信いただけると幸いです）

- Please don't hesitate to reach out if you have any questions.
  （ご不明点がございましたら、遠慮なくご連絡ください）

- Please let me know how you would like to proceed.

  (次の進め方についてご指示いただけますと幸いです)

- Please advise on the next steps.

  (次のステップについてご教示ください)

◉——ビジネスメールは5文でOK

　いかがですか。ここまで解説してきたことを踏まえていくと、ビジネスメールは5文で構成できると言えます。例えば、会社の他の部署からのレポート原稿をリクエストしたい。それだけをシンプルに表現すると、以下のようなメールになります。

Dear Ms. Johnson,

Could you kindly send me the most recent draft of your report?

Tomohiro

　直球でシンプルでいいのですが、これだと気心の知れた仲間へのメールといった感じで、フォーマルなビジネスの

文脈では言葉足らずで、不躾(ぶしつけ)な印象を与えてしまいます。

さっそくブラッシュアップしてみましょう。まず、このStage 2で紹介したフレーズを使って、最初と最後の挨拶を加えてみます。

Dear Ms. Johnson,

I hope your day is going well.

Could you kindly send me the most recent draft of your report?

Thank you so much for your support!

Best,

Tomohiro

少し良くなってきましたが、冒頭の挨拶からリクエストに入るのが唐突です。また、リクエストからいきなり感謝の締めに入るのも微妙な感じ。そこで、前述の切り出し文句フレーズと、次のステップを示す文を加えます。

> Dear Ms. Johnson,
>
> I hope this email finds you well. **I am reaching out to inquire about the status of the report you mentioned last week.** Could you kindly send me the most recent draft of your report? **Please let me know if you need any further information from my side.**
>
> Thank you so much for your generous support!
>
> Best,
>
> Tomohiro

　こうすると簡潔でありつつも、丁寧でプロフェッショナルな印象を与えるメールに早変わりです。もちろん相手へのメインのリクエストやメッセージが一つの文章で書けるとは限りません。大事なのは、メインの部分を先に考えてから、残りの部分はほぼ決まり文句で肉付けできるということです。メインを考えてから、オープニング、用件切り出し、次のステップ、クロージングと、ここまでに紹介したフレーズを使って肉付けして効率的にメールを構成しましょう。

◉──生成AIでビジネス文書を書く

　以上、メールの書き方を解説してきました。前述の通り、オープニング、ボディ（用件、内容、次のステップ）、クロージングの構成で、ここまでご紹介した表現を使いながら、メールを仕上げていきましょう。

　また、ChatGPTなどのAIツールで、ある程度のメールの原稿をアウトプットしてしまうのも一つの選択です。

　プロンプトとしては、以下のような文面を参考にしてください。

＊＊＊＊＊＊＊＊＊＊＊＊＊＊＊＊＊＊＊＊＊＊＊＊
　私は取引先のMr. Johnsに以下の内容に伝えるためにメールを書いています。

　いただいたオファーでは当方の予算が足りず、計画を進めていくことができません。もう少し安い値段のオファーはできないか聞きたいです。

　オープニングの挨拶、用件の切り出し、主たる内容、次のステップ、クロージングの挨拶の順にメールを構成して書いてください。簡潔に読みやすいビジネス英語でお願いします。
＊＊＊＊＊＊＊＊＊＊＊＊＊＊＊＊＊＊＊＊＊＊＊＊

すると、以下のようなメール文が出力されます。

****

Subject: Request for a Revised Offer

Dear Mr. Johns,

I hope this message finds you well.

Thank you for your recent offer. After reviewing it, we regret to inform you that it exceeds our current budget, making it difficult for us to proceed with the project as planned.

Could you kindly provide a revised offer at a lower price point that would better fit within our budget?

I appreciate your understanding and look forward to hearing from you.

Best regards,
[Your Name]
[Your Position]

[Your Company Name]
[Your Contact Information]
****

　ここまで解説してきたメールの書き方に則って、しっかり書けていますよね。

　自分でメールを書く自信がなかったり、時間がない場合は、こちらのプロンプトをテンプレートに使って、メールの原稿を出力してみましょう。まずは、先方がどのような相手か状況を伝え、その上で、書きたい内容の概要を説明します。それから、このStage 2で紹介した構成を使うように指示します。

　その上で、出てきた原稿を読み直しましょう。その際に、ここまでに紹介してきた便利フレーズなどをさらにちりばめながら、原稿を仕上げていくとスムーズです。

　さらに、推敲も手伝ってもらえます。仕上げた英文の文法や不自然な表現を、生成AIにチェックしてもらいましょう。

****
Edit the following email draft for its grammar. Please feel free to correct expressions that don't sound natural.
****

と書いた上で、自分の原稿をペーストすると生成AIに直してもらうことができます。

 ぜひとも、ここまでに紹介したフレーズを使って、英文ビジネスメールをマスターしていきましょう！

⑤超クールなビジネス頻出フレーズ29

　労いの一言、プレゼン、会議、メールと見てきましたが、Stage 2の締めくくりに、ビジネス現場でとても役立つ頻出英語表現を厳選してお伝えしましょう。プロフェッショナルに響く「クールなフレーズ」を上手に使いこなすことで、ただの会話やメールが洗練されたものになり、相手に好印象を与えることができます。

　ビジネスでよく耳にする英語のフレーズの中で、特に重要でスマートな表現を29個紹介します。それぞれのフレーズは、意味だけでなく、具体的な使用例も含めて解説しますので、実際の会話やメールにすぐに活かせる内容となっています。

　英語でのコミュニケーションをレベルアップさせたい方、会話に自信を持ちたい方は、ぜひ参考にしてみてください。どれもすでに、ビジネスの現場で日本語としても耳にするようになってきたものばかりです。ビジネスパーソン必見のリストですよ！

●──コラボ&チームワーク

① **synergy**（シナジー）：違うグループがコラボする相乗効果。
　• The synergy between the marketing and sales teams boosted overall company growth.
（マーケティングと営業チームの相乗効果が、会社全体の成長を促進しました）

② **alignment**（アラインメント）：機械において違うパーツや部分がうまく噛み合って動いていることから転じて、違うグループや個人が同じ目標に向かってうまく動いていること。
　• We need to ensure alignment between the product development and customer service teams.
（製品開発チームとカスタマーサービスチームの目標の一致を確保する必要があります）

③ **stakeholder**（ステークホルダー）：従業員、出資者などの利害関係者。
　• We must consider the feedback from all stakeholders before making a decision.
（決定を下す前に、すべての利害関係者からのフィードバックを考慮する必要があります）

④ **empower**(エンパワー):誰かに権限や力を与えること。パワーを与えること。
  • Our company aims to empower employees to take leadership roles.
  (当社は従業員がリーダーシップを発揮できるよう、権限委譲を目指しています)

⑤ **onboarding**(オンボーディング):新人研修や入社手続きなど、新しい従業員を組織に統合するプロセス全体のこと。
  • Our onboarding program helps new hires get up to speed quickly.
  (当社の研修プログラムは、新入社員が迅速に業務に慣れるのを支援します)

⑥ **touchpoint**(タッチポイント):企業と顧客の接点。
  • Improving customer touchpoints is key to enhancing the user experience.
  (顧客との接点を改善することは、ユーザー体験の向上に重要です)

◉——ストラテジー&プランニング

⑦ **leverage**(最大活用):テコの原理を使ったレバーのように、持てる力やリソースを最大限に活用すること。
　・We can leverage our strong brand to enter new markets.
（私たちは、強力なブランドを活用して新しい市場に参入できます）

⑧ **optimize**(最適化):資源や状況を最も効果的に利用すること。
　・The new software will help us optimize our supply chain.
（新しいソフトウェアは、サプライチェーンの最適化に役立ちます）

⑨ **pivot**(方向転換):ビジネス戦略の方向や焦点を変更すること。
　・We had to pivot our strategy due to the changing market conditions.
（市場の状況変化により、戦略を方向転換する必要がありました）

⑩ **mission-critical**(目的に欠かせない):会社や組織の最終目的に不可欠なもの。
　・The IT infrastructure is mission-critical to our

operations.

(ITインフラは、当社の運営に不可欠です)

⑪ **core competency**（根本的な強み）：組織の定義的な強みや主要な専門分野。

• Innovation is one of our core competencies that sets us apart.

(イノベーションは、私たちを差別化する強みの一つです)

⑫ **scalable**（規模拡張可能な）：より大規模に拡張できるポテンシャルがあること。

• Our new platform is scalable to meet the needs of growing businesses.

(新しいプラットフォームは、成長するビジネスのニーズに応えるために大規模拡張可能です)

⑬ **cadence**（頻度）：活動や会議、コミュニケーションなどのリズムや頻度。

• We established a weekly cadence for project updates.

(プロジェクトの更新のために、毎週のリズムを確立しました)

⑭ **benchmark**（物差し）：比較の基準となる標準や指標。

- We use industry standards as a benchmark to measure our performance.

(当社のパフォーマンスを測定するために、業界標準を物差しとして使用しています)

●――問題解決&意思決定

⑮ **proactive**(先を見越した):問題や機会に先んじて行動すること。
- Proactive customer service can prevent many potential issues.

(プロアクティブなカスタマーサービスは、多くの潜在的な問題を防ぐことができます)

⑯ **acumen**(優れたセンス):特定の分野における鋭い洞察力や優れたセンス。
- Her business acumen has led to significant growth in the company.

(彼女の鋭いビジネスセンスが、会社の大きな成長につながりました)

⑰ **deep dive**(詳細な分析):「深く潜る」というイメージから、あるテーマや問題に対する徹底的な調査や分析。
- We need to do a deep dive into the data to find

the root cause.

(データを詳細に分析して、根本的な原因を見つける必要があります)

⑱ **low-hanging fruit**（目の前の果実）：「低いところになっている取りやすい果物」のイメージから、簡単に達成できるタスクや、すぐに活かせる機会。

  • Let's focus on the low-hanging fruit to achieve quick wins.

(目の前の課題に集中して、早期の成果を上げましょう)

⑲ **takeaway**（重要ポイント）：議論やイベントから学んだ主要なポイントや教訓。

  • The main takeaway from the meeting was the need for better collaboration.

(会議での主要なポイントは、より良い協力の必要性でした)

◉──イノベーション&変化

⑳ **disruptive**（破壊的）：ビジネスや業界を大幅に変える革新的なこと。

  • Disruptive technologies like AI are transforming entire industries.

（AIのような破壊的技術が、産業全体を変革しています）

㉑ **agile**（迅速に）：迅速かつ柔軟に対応できること。
・Our agile approach allows us to adapt quickly to market changes.
（私たちの素早く柔軟なアプローチは、市場の変化に迅速に適応できるようにしています）

㉒ **paradigm**（規範的枠組み）：ある分野の基礎的な枠組み。典型的な例やパターン。
・This shift represents a new paradigm in business management.
（この変化は、経営管理における新しい枠組みを示しています）

㉓ **holistic**（包括的な）：部分ではなく、全体的に俯瞰すること。
・We take a holistic approach to solving client issues, considering all factors.
（私たちはすべての要因を考慮して、クライアントの問題を解決する包括的なアプローチを取ります）

●──評価&測定

㉔ **ROI**(Return on Investment、投資利益率):投じたリソースに対するリターン。
- We expect a high ROI from our latest marketing campaign.

(最新のマーケティングキャンペーンから、高い投資利益率を期待しています)

㉕ **transparency**(透明性):関係者が容易にチェックできる方法で運営すること。
- Transparency in operations builds trust with our stakeholders.

(オペレーションの透明性は、利害関係者との信頼を築きます)

㉖ **value-added**(付加価値):基本的な期待を超えた追加の利点や機能を備えていること。
- Our company provides value-added services to stay competitive.

(当社は競争力を保つために、付加価値のあるサービスを提供しています)

㉗ **best practices**(ベストな実践知):特定の分野で使わ

れている最も効果的なやり方や実践法。

- We follow industry best practices to ensure quality and efficiency.

（私たちは品質と効率を確保するため、業界のベストな実践知に従っています）

●──リソース管理

㉘ **bandwidth**（キャパ）:「線の太さ」で流れる量が決まるというようなイメージから、課題や問題を処理するキャパシティ。

- Our team doesn't have the bandwidth to take on more projects right now.

（今、私たちのチームには新しいプロジェクトに取り組むキャパがありません）

㉙ **ecosystem**（エコシステム）: ビジネス環境に関与する組織・個人・リソースのネットワーク。

- Our startup thrives in a vibrant ecosystem of investors and innovators.

（私たちのスタートアップは、投資家や革新者の活気あるエコシステムで成長しています）

Stage 3

ラリーが続く!
ナチュラル英語の日常会話

アクティブ・リスニングで会話の沈黙をなくそう

●──自然な会話が難しい

続いてStage 3です。いよいよビジネス英語を超えて、日常でも使える脳を活かす英会話に迫りましょう。ポイントは、言葉のラリーが続く、英語の会話です。まずは、私の淡い思い出から。大学院時代のエピソードのイメージからおつきあいください。

> 今日は夕方から大学院のセミナー。クラスは15人くらい。早めに着くと、すでにKatieが座っているのが見える。一度挨拶を交わしたことがあるが向こうは覚えているんだろうか。部屋の奥のほうに座っている彼女に気づかれないように、部屋に入っていく。彼女が振り返り、目が合う。ハッと思い、会話を試みる。
>
> 私:How are you doing?
> Katie: I am doing well. How's it going?
> 私:Pretty good! ...

> Katie: ...

　英会話の実力の低さ、手持ちフレーズの少なさ、さらに、英語での対話という気負い。日本語であれば割と自分から喋っていくほうなのですが、英語となるとなかなか自然な会話にならない。そんなことがしばしばありました。

　さて、本書のStage 1では、英会話のアウトプットの作り方を解説しました。英語カフェに国際交流パーティーなど、はりきって英会話の機会を見つけてみたけれども、なかなか自然な会話ができない。ある程度聞き取りもでき、便利なフレーズを覚えたものの、頑張って誰かに話しかけたところで、一言二言ですぐに会話が切れてしまい、気まずい沈黙。ナチュラルな会話なんて望むべくもない。そう思ってしまうと、なおさら最初の一言も出なくなってしまって、英語で話すのが怖くなってしまう。悪循環で、いつしか英語嫌いに……なんてことにならないために、本書があります。

　このStage 3では、会話の続け方、始め方、終わり方などを中心に、日常会話で役に立つ英会話の心構えや便利なフレーズを学んでいきましょう。

①Focus：相手の話に集中していることを示す

◉――「繋ぎの言葉」の4つの要素

　JTBが2018年に行った調査「コミュニケーションへの苦手意識」では、半数以上の日本人がコミュニケーション全般を「苦手」とした一方、7割以上の人は、聞くのは「得意」と答えました。こうした調査に表されているように、どちらかといえば、私たち日本人は聞くのが得意なのかもしれません。

　しかし、相手の話を受け身の姿勢で黙って聞くだけの「パッシブ・リスニング」（passive listening）では、会話のラリーは生まれません。
　英語のラリーをつなげていくには、しっかり集中して相手の言うことを正確に聞き取るだけでなく、積極的に対話に参加していく「**アクティブ・リスニング**」（active listening）のテクニックが必要です。

　アクティブ・リスニングの本質は、相手の話を聞きなが

ら、こちらから「繋ぎの言葉」を入れて、さらに相手の会話を引き出したり、自分の理解を深めていくことです。「繋ぎの言葉」の基本要素は、以下の4つです。[*1]

1. Focus（フォーカス）：相手の話に集中していることを示す。
2. Empathy（エンパシー）：相手の気持ちを理解したことを伝える。
3. Paraphrase（パラフレーズ）：相手の話を言い換えたり、まとめて確認する。
4. Question（クエスチョン）：相手の発言を確認したり、より詳しく聞いてみる。

相手の話を聞きながら、これら4つの要素を織り込んで、会話に参加していくのがアクティブ・リスニングです。これによって会話のキャッチボールが生まれ、相手とのコミュニケーションがスムーズになったり、信頼が得られたりすることで、会話が豊かに弾んでいきます。

アクティブ・リスニングは、現代心理療法研究者のさきがけ的存在であるカール・ロジャースが提唱した方法で、[*2]心理療法やカウンセリングだけでなく、社会人教育の場でも幅広く応用されてきました。このテクニックを身につけると、自信が増したり、[*3]メンタルが安定して友人関係がうまくいくなど、[*4]心の面でも良いことずくめであることがわ

かっています。

もちろん、英語などの外国語もより効果的に学べるという報告[*5]もあり、語学力のブラッシュアップにはぴったりです。

さっそくアクティブ・リスニングの4つの要素を、一つひとつ詳しく見ていきましょう。

● ── 共感を示す"鉄板"合いの手フレーズ

まずは、「Focus（フォーカス）」。相手の話に集中していることを示すためには、もちろん、自分の表情や目線、身振り、手振りを相手にシンクロさせることが必要です。相手が話している間は、必ず相手の目を見ましょう。相づちを打ったり、顔の表情を相手の話題に合わせていくのも効果的です。そして、話の要所要所で素早い合いの手を入れていくと、相手との話が、英会話のラリーに変わっていきます。

相手の話にフォーカスしていることを示す"鉄板"合いの手フレーズを、リストアップしておきましょう。

「なるほど」「そうですね」「わかりました」

- I see.　（なるほど）
- Right.　（そうですね）
- Got it.　（わかりました）

話を理解していることを相手に伝える、便利なフレーズです。

　相手が話している途中でも、さりげなく入れることができます。相手の話を了解しながら相づちを打つ、「はい」「うん」くらいのニュアンスです。話の腰を折らない程度に、合いの手として軽く言うと、話に集中していることが相手に伝わります。

「その通り」「絶対そうですね」「確かに」

- **Exactly.** （その通りです）
- **Absolutely.** （絶対そうですね）
- **Certainly.** （確かに）

　相手の話への同意を強調する表現です。相手のことを理解した上で、「激しく同意」というニュアンスを出すのに便利です。

「理にかなっていますね」「理解します」

- **That makes sense.** （理にかなっていますね）
- **I understand.** （理解します）

　これらの表現は、前述の「I see.」などの理解を示す表現と同じように使えますが、相手の言っていることに必ずしも同意しない場合でも、「おっしゃっていることは理解できます」というニュアンスとしても使えます。

　必ずしも強く自分の同意を表したくないときは、こうし

た表現で合いの手を入れておくことができます。

また、相手の話したことと相反することや、違った視点を示さなくてはいけないときにも、「That makes sense, but...」「I understand. However...」などとすると「おっしゃることは理解できるのですが、……」という意味を表現できます。

「面白いです」「いいポイントです」

- **That's interesting.** （面白いですね）
- **That's a good point.** （いいポイントですね）

相手の話への興味を示すのに便利な表現です。話に集中していることを、このような合いの手でアピールできます。

以上、どれもしばしば耳にするとても便利な表現なので、英会話での合いの手の引き出しに入れておきましょう。Stage 1で解説した「ルー大柴メソッド」などで、普段の日本語の会話などにも取り入れて、自然な相づちとしてパッと言葉に出せるように練習するといいでしょう。

◉──相手を尊重する合いの手

ここで気をつけておきたいのが、「否定的な合いの手は避ける」ということです。

アクティブ・リスニングの目的は、相手の言っているこ

とを論破したり、ディベートに勝つことではありません。何が正しくて何が悪いのか、自分の意見と相手の意見が同じかどうかは関係ありません。

　あくまでも相手を理解しながら、会話のラリーを続けていくことが目的であることを理解しておきましょう。プライベートの会話で、相手の意見に論理的な異議を申し立てたり、疑義を唱えたりしていては、会話のラリーは生まれません。ビジネスシーンはまた別かもしれませんが、プライベートの楽しい英会話では、アクティブ・リスニングを心がけて、オープンマインドで相手を尊重しながら対話を進めるように心がけましょう。

　そのため、しばしば使われる次のような合いの手には、若干注意が必要です。

- **Really?** （本当ですか？）
- **No way!** （まさか！）

どちらも日常的に使われる合いの手ではありますが、言い方や表情によっては、意図しない表現に受け取られてしまうことがあるので、慣れないうちは誤解のない気の知れた間柄に限って使ってみたほうが無難かもしれません。

Stage 3　ラリーが続く！～ナチュラル英語の日常会話

＊1 『スタンフォード式生き抜く力』 星友啓著。ダイヤモンド社。2020年
＊2 Rogers CR, Farson RE (1957) *Active listening*. Chicago, IL: Industrial Relations Center of the University of Chicago.
＊3 Graham S (2011) "Self-efficacy and academic listening." *Journal of English for Academic Purposes.* 10 (2):113-117.
＊4 Graham RA (2010) "Cognitive-Attentional Perspective on the Psychological Benefits of Listening." *Music and Medicine: An Interdisciplinary Journal.* 2 (3):167-173.
＊5 Caruso M, Colombi AG., Tebbit, S. (2017) "Teaching How to Listen: Blended Learning for the Development and Assessment of Listening Skills in a Second Language." *Journal of University Teaching & Learning Practice.* 14 (1):1-19.

②Empathy：相手の気持ちを理解したことを伝える

●——認知的共感とは何か

次は、アクティブ・リスニングの第2の要素である「Empathy（エンパシー）」について見ていきましょう。「Empathy」は「共感」の意味、つまり、相手の気持ちを理解することです。

ここで注意したいのは、共感はあくまでも共に感じることで、同意ではないということ。相手に共感するためには、相手と同じ感情を持ったり、相手に賛同しなくてはいけないわけではありません。

例えば、失恋して悲しんでいる相手に対して、たとえ自分が新婚ほやほやでハッピーであっても共感することはできる。なぜなら、ここで言う「共感」は文字通り「相手の気持ちを理解しましたよ」という気持ちを表現することだからです。

自分がハッピーなときに「私も悲しい」と言うのは嘘になりますが、「そうか、あなたは悲しいんだね」「そういう状況なら、悲しくなるわけだよね」と理解を示すことは可

能で、自分の気持ちに嘘をつく必要はありません。

　また、「これやりたくない！」と言う子どもに対して、「そうだね、やらなくていいね」と同意することと、「そうか、あなたはやりたくないと思っているんだね」と言ってあげることは違うわけです。

　このように、「あなたの気持ちを理解しましたよ」という意味での「共感」は、相手と同じ気持ちになる「同感」と意味の違いを明確にするために、「認知的共感」と呼ばれたりもしています。

　アクティブ・リスニングの本質は、相手の意見や気持ちに対して、自分の意見や気持ちをぶつけるのではなく、相手のそのままの気持ちや意見を「あなたはそう考えているのがわかりました」「あなたがそう感じるのを理解しました」と、認知的に理解することなのです。

◉──スマートに共感できる便利なフレーズ

　それでは、相手に認知的共感を示すのに便利な英語フレーズを見ていきましょう。

1. I hear you.
    （言っていることがわかります）：直訳だと「あなたを聞いている」になりますが、相手の言っていることを理解できる、「言っていることわかるよ」などの

カジュアルな表現としてシンプルかつ便利です。

2. I understand what you're saying.
(おっしゃっていることを理解します)：前の表現よりも語数が多く、丁寧な言い方ではありますが、ほぼ同じ意味です。

3. I get what you're trying to say.
(言いたいことがわかります)：ここでの「get」は「わかる」という意味で「understand」とほぼ同義ですが、よりカジュアルなニュアンスになります。

4. I can see why/how you feel that way.
(そう感じるわけがわかります)：相手の悲しみや怒りなどの感情をわかってあげたいときに使うフレーズです。

この辺りをマスターしておけば、共感表現はバッチリでしょう。相手との会話の中でさらっと入れるイメージで、スラスラと言えるように練習しましょう。もう少し粋な言い方を求めている方は、以下のような表現も参考にしてください。

5. I can relate to that.

（それには共感できます）：「relate to」で「関係する」ですが、ここでは、相手の言っていることに自分の気持ちを関係させることができる、つまり、相手の気持ちを理解できる、共感できるという意味です。

6. What you are saying resonates with me.
（それには共感できます）：「resonate」は音などが「共鳴する」で、ここでは相手の言っていることが自分と共鳴する、つまり、共感できるという意味になります。

●──決めつけるような言い方はしない

　ここまで述べてきた通り、認知的共感は相手の気持ちに理解を示すことです。とはいえ、相手の気持ちを完全に把握していると思わせたり、何かを決めつけているような印象を与えたりするのは禁物です。気持ちがなんとなく通じ合っても、やはり状況が違う個人と個人。前のセクションに挙げたような柔らかい言い方で、ある程度の距離を置きながら「認知的共感」を示すのが大切です。一気にドスドスと相手の懐に踏み込もうとしてしまっては、うざく思われてしまい、良い会話にはなりません。

　また、元気づけようとするばかりに、相手の気持ちを蔑(ないがし)ろにしてしまう場合も往々にして起こります。例えば、

「悲しい」「大変だ」などと悩みを切り出してきた相手に「きっと大丈夫だよ！」(It'll be alright.) とか、「大したことないよ」(It's not a big deal.) などと言うのは控えましょう。悩んでつらくて大変だから話しているところに、「大丈夫」「大したことない」と言ってしまっては、相手の気持ちに理解を示すどころか、相手の気持ちを否定することになってしまいます。

　あくまでも、相手が「悲しい」「大変だ」と思っているということ自体を「理解しました」と、前述の認知的共感の言葉を使って表現しましょう。

③Paraphrase：相手の話を言い換えたり、まとめて確認する

◉——パラフレーズで会話のラリーを促す

 3つ目のアクティブ・リスニングの要素である「Paraphrase（パラフレーズ）」を見ていきましょう。パラフレーズとは「言い換え」のことで、相手の言葉を自分の言葉に置き換えて表現することです。

 相手が言ったことをパラフレーズして確認することで、理解が深まり、誤解を減らすだけでなく、相手に対して真剣に耳を傾けているということを伝えられます。また、こちらが相手の言い換えをして、相手に確認を求めることになるので、会話のラリーが続きやすくなります。

 相手の話に対して「すごいですね！」と感想を述べただけでは、そこで会話が終わってしまうかもしれません。そうではなく、「なるほどー、面白い！ つまり、……ということですかね？ この理解で合っていますか？」とすれば、相手がこちらに返答してくるという流れが生まれるのです。

また、相手の話を言い換えるためには、相手の話に集中して耳を傾けなければなりません。つまり、パラフレーズは相手の話に集中するためのいいきっかけなのです。

　相手の話を簡単な言葉で簡潔にまとめて、確認してみましょう。そのとき、相手の話を完璧に表現する必要はありません。むしろシンプルに要点だけ押さえた返答のほうが、会話のラリーには適切です。また、正確に言い換えようとして、こちらがあまりに長く話してしまうと、相手の話の腰を折ることにもなりかねません。要注意です。

●──パラフレーズの役立ちフレーズ10

　相手の話をパラフレーズするとき、まずは、簡単に合いの手を入れるところから始めましょう。先ほど紹介した「合いの手フレーズ」から選んで、相手の話にまずはポジティブに反応しましょう。

　その上ですかさず、パラフレーズに入ります。便利な表現は以下の通りです。

- What you're saying is...
  （つまり、あなたが言いたいのは……）：「**What I'm hearing is...**」（私が聞き取ったところでは……）でもOK。

- In other words...
  （言い換えると……）：「To put it another way...」（別

の言い方をすれば……）でもOK。

- So, you mean...
 （つまり、あなたが言いたいのは……）

これらの表現でパラフレーズをしたら、「Right?」「Am I correct?」などのように相手に自分の理解が合っているか確認してみましょう。

つまり、「合いの手→パラフレーズ→確認」の流れです。例えば、

I see. So, you mean people were sad about the abrupt ending of Kochi-Kame, right?
（なるほど、みんな『こち亀』の急な終結が悲しかったと、おっしゃっているわけですね？）

That's a good point! In other words, we can be in a win-win deal with the client. Am I right?
（いいポイントですね！　言い換えれば、われわれはあのクライアントとウィンウィンな取引ができるということですね。正しいですか？）

こうやって、パラフレーズを相手への確認で締めれば、必然的に相手の答えが返ってくるので、さらに会話のラリ

ーを続けていくことができます。

　また、相手の話の理解に少し自信が持てないときは、合っているかどうかを聞きたい意図を明確にしてパラフレーズするのがいいでしょう。合いの手の後に、以下のような表現をしてみましょう。

- Are you saying that...?
  （……ということですか？）：いきなり質問の形でパラフレーズする表現です。「Do you mean...?」（……という意味ですか）なども同じニュアンスです。

- So, if I'm following you correctly, you're saying... right?
  （私の理解が正しいならば、……とおっしゃっているのですよね？）：「理解が合っているかどうかは不安だけど」というニュアンスです。「Correct me if I'm wrong, but are you saying...」（間違っていたら教えてください。あなたは……と言っているように聞こえますが）も同様です。

◉──アドバイスは控えるように

　前述のように、アクティブ・リスニングの目的は、相手の状況や気持ちに理解を示すことです。パラフレーズは相手の気持ちや考え方を確認する点で、アクティブ・リスニングに適した会話の方法になります。

一方、会話が続くにつれて、相手の言ったことを理解して、そこからさらに一歩進みたくなることもあります。例えば、相手が最近の悩みを打ち明けてきたとしましょう。そこにすかさず共感とパラフレーズ。さらに進んで、悩みに対してアドバイス！　そんなふうに話を持っていきたくなるかもしれません。

　しかし、相手が悩みを打ち明けてきたからといって、アドバイスまで求めているとは限りません。単に、話を聞いてほしいだけなんていうことはしばしばあるものです。そんなときにこちらから一方的なアドバイスをすると、相手を嫌な気分にさせてしまいます。会話もうまく続かなくなってしまうかもしれません。

　また、慣れない英語のせいで、ニュアンスがうまく伝わらず誤解が生じ、相手の気分を害してしまったり、アドバイスの内容に気を取られて相手の話に集中できなくなったりしてはいけません。会話のラリーが続かなくなってしまいます。

　まずは相手の話を聞くことに徹して、パラフレーズで話の理解の確認を得ることを心がけましょう。相手へのアドバイスは信頼関係ができてから。その信頼をもとに、相手がアドバイスを求めてくるまでグッと堪えておきましょう。

◉──相手の話がわからないときこそ話すべし

さて、ここまで相手の言ったことを理解した上での共感やパラフレーズの表し方を見てきました。しかし、日常会話において相手の言葉を聞き逃したり、理解できなかったりすることはしばしば。常に聞き取れるわけではありません。話がなんとなくわからなくなってしまったり、理解に不安を感じてしまうことはしょっちゅうあるでしょう。

そんなときは、ついついこちらの言葉も止まってしまうもの。話の内容がわからないのでドギマギしてしまい、何も話せなくなってしまうのは自然ですよね。

しかし、相手の話を理解できないときこそ、話を止めてはいけません。まずは、相手の話がひとしきり落ち着くまで、前述の合いの手を使って会話を進めます。その上で、自分の話すタイミングになったら、相手に内容を聞き直してみましょう。そんなときに便利なフレーズをいくつか挙げておきます。

- I'm almost there, but can you clarify ... further?
 (ほぼ理解しているのですが、……をもう少し明確にしてもらえますか？)

- I think I'm following, but could you elaborate on...?
 (たぶん理解していると思うのですが、……を詳しく説明していただけますか？)

- I think I am with you overall, but can you expand

on ...?
　　(だいたいの意味はわかるのですが、……をもう少し明確にしていただけますか？)

　ご覧のように、どの表現も2つの要素から成り立っています。まずは、「ある程度は自分なりに理解しているが」と示すこと。相手も一生懸命話して、最初の反応が「全くわからなかった」となるとがっかりしてしまうので、自分なりにはある程度理解ができているとしたほうが、スムーズです。

　もちろん、全くわからないときは、正直にそう言ってもう一度説明してもらうのもやぶさかではありません。ただ、少しでも理解できているところがあれば、「全く理解できていないのだけど」と謙遜せず、少しでも得られた自分の理解から相手とのやりとりの中で「ここはこうだった？」「あれはそうじゃないよね？」などとキャッチボールをしながら理解を深めていくことが大切です。

　そこで、「自分なりに理解したところがあった」けれども、「もう少し説明してください」とリクエストするのが第2の要素です。ここで大事なのが「もう一度説明」ではなく、「より詳しく説明」というニュアンスを出すこと。せっかく話した相手にもう一度同じ話を要求するのではなく、「より詳しく」とか「より広げて」などとリクエストしたほうが、スマートに会話が流れます。ここでも自分の

発言を質問形で終わらすことで、会話のラリーを促すことができます。

◉——思い込みをベースにキャッチボールを続ける

　自分が話のすべてを理解できなかったときに、より詳しく説明してもらうことで会話のラリーを続けていくのは常套手段ですが、何度も何度も繰り返し細かく聞き続けるのも適切ではありません。
　そのようなとき、どうすればいいか？
　おすすめは、自分なりに相手が意図することを想像して、その思い込みをベースに会話を続けていくことです。
　そしてそれは、なんら珍しいことではありません。日本語で話しているときでさえ、私たちは相手の言っていることを一字一句すべて完璧に聞き取って、理解しているわけではありません。日常会話の多くの場合、聞こえない部分があったとしても、その状況や前後の文脈で相手が何を言っているかを想像しながら話が進んでいきます。

　例えば、飛行機に乗っている。飲み物のカートが来る。CAさんが「……ですか？」。エンジン音が騒がしく「……」が聞こえない。しかし、その場の状況から、「飲み物はいかがですか？」だろうなと想像して、「コーヒーください」と、会話をスムーズに運ぶことができるわけです。

それだけではありません。実はCAさんは「おつまみのスナックはご入り用ですか？」と聞いていたとしましょう。それにもかかわらず、CAさんは私のリクエストに対応してコーヒーを出してくれる。その上で、もう一度「おつまみはご入り用ですか？」と聞いてくる。そこでふと最初の質問は「おつまみが、いるかいらないかだったかな」と、会話が進むうちに自分の最初の勘違いを正すことができるのです。

　このようなエピソードは、日常生活にたくさんあります。私たちは、会話で理解できなかった部分を、想像や仮説で埋めることができ、また、想像や仮説が間違っていた場合でも、会話を進めながらその間違いを正すことができる。
　さらに言えば、日常会話において、一発ですべてを理解するのを要求されることは稀なことです。**会話の端々から想像や仮説を立てながら、言葉のキャッチボールのプロセスでお互いの理解を少しずつ修正しながら正しくしていく。それが、日常会話の営みなのです。**

　ですから、相手の言っていることがわからないときは、自分の想像で「だいたいこんなところかな？」と判断して全く問題ありません。母語の会話だってそうしているのですから、英語の場合にいきなりすべてを理解しよう、などと思うほうが無理があります。

そして、自分の想像が間違っていたら、会話の中で相手が指摘してくれたり、自分で気づいたりすることができ、理解が修正されていきます。逆に、相手の言っていることがわかったと思うときでも、会話のキャッチボールの中で理解が修正されるなんてしばしばなわけです。
　相手の話がわからないときは、相手の言いたいことを想像して、「こういうことですか？」と聞いてみたり、「理解が足りないのでもう少し説明して」とリクエストしたりしてみましょう。
　場合によっては、相手の言ったことを想像してそのまま会話を進めなくてはいけないこともありますが、会話の目的は"理解の修正"であることを肝に銘じて、会話のラリーを優先させましょう。

④Question：相手の発言を確認したり、より詳しく聞いてみる

● ──「受け」から「返し」でラリーを作る

それでは、会話のラリーを続けていく最大のコツを解説しましょう。

ラリー会話の最大のコツは、自分のコメントを、相手への反応（リアクション）と質問（クエスチョン）の2部構成にすることです。

まずは、相手への反応として、ここまで解説してきた合いの手や共感、パラフレーズの言葉を使いましょう。会話のボールを受け取ってからの、「受けの一言」です。

その上で、相手により詳しい説明をリクエストしたり、相手の話をパラフレーズしたりして、相手の話したことに質問をしてみましょう。一度受け取った会話のボールを「返しの質問」として相手に投げ返すことで、会話のラリーが続いていきます。

例えば、以下の要領で、「受け」と「返し」の2部構成を作ることができます。

That's interesting... Why do you think she might have said such a harsh thing?
(興味深いですね。なんで彼女はそんなひどいことを言ったんだと思いますか?)

◉──発言の終わりは質問で締める

返しの質問は相手に失礼のない範囲で何を聞いてもいいのですが、シンプルに以下の3つを自分の引き出しに入れておくのがおすすめです。決まった形で質問を作れるので、覚えて習慣にすれば自然に話を続けられるようになります。

1. パラフレーズからの確認や詳細

前述のように、相手の言ったことを繰り返して、「こういうことですよね?」と聞いたり、「この点もう少し詳しく」などとさらなる詳細をリクエストする。例文は前述のパラフレーズやわからないときに相手に聞くときのフレーズを参照してください。

2. 例を挙げてもらう

相手が言ったことを確認しながら、具体的な例を出してもらいます。そうすることで自分の理解を確認できたり、話の内容をより膨らませたりできます。例えば、以下のように、まずは相手のポイントをパラフレーズして、そ

のポイントの例を求めながら自分のコメントを締めます。

> So, you mean the main issue was a lack of communication. Can you give an example?
> (コミュニケーションの欠如がメインの問題だと思っていらっしゃるということですが、例を挙げてもらえますか？)

3．5W1H構文で質問する

「はい」や「いいえ」で答えられないオープンエンドの質問をして、より詳細な回答や深い議論を促進します。相手の言ったことをパラフレーズして、5W1Hの質問を作りましょう。例えば、相手のポイントが；

> The new employees were not yet well integrated into the marketing and sales team.
> (新しい従業員は、まだマーケティングおよび営業チームにうまく溶け込んでいませんでした)

これに、「Why do you think...」(なんで……と思いますか？) を加えて、

> Why do you think that the new employees were not yet well integrated into the marketing and

sales team?
(なんで新しい従業員は、まだマーケティングおよび営業チームにうまく溶け込んでいなかったと思いますか？)

などとして、相手のポイントの理由を聞くことができます。何が、誰が、どこで、いつ、なんで、どのようにして、起きたのか。「What, Who, Where, When, Why, How」の5W1Hを駆使して、相手のポイントからオープンエンドの質問を作りましょう。

●──ラリーを続ける魔法の一言フレーズ

また、アクティブ・リスニングだけでなく、万能な会話ラリーフレーズがいくつかあります。自分の意見やコメントを言った後にこれをつけるだけで、自然に相手に会話のバトンを渡せます。しっかり押さえて、会話のラリーを楽しみましょう。

- **What do you think?**
 （どう思いますか？）：最後につけるだけで、会話のラリーを作り出せる万能フレーズ。
  - That's my take on it. What do you think?
 （これが私の意見ですが、あなたはどう思いますか？）

Stage 3　ラリーが続く！〜ナチュラル英語の日常会話　233

- **How do you feel about it?**

 (どう感じますか？)：考えや意見というよりも、相手の直感や気持ちを聞きたいときは、この会話ラリーフレーズがおすすめです。

  - It seems like a good approach to me. How do you feel about it?

 (私には良いアプローチに思えますが、あなたはどう感じますか？)

- **What's your take?**

 (君の意見はどうですか？)：「take」は「意見」とか「立場」を意味します。「What's your opinion?」よりもカジュアルな言い方。必ずしも煮詰めた考えでなくてもいいので、どんな意見や立場なのかを聞くフレーズ。

  - That's how I see it. What's your take on this?

 (私はそう見ていますが、この件についてあなたの意見はどうですか？)

- **Would you add anything?**

 (何か追加してくれますか？)：自分がひとしきり話した後に、「何か追加のコメントはありませんか？」と聞くときにはこの表現。

  - Those are my thoughts. Would you add anything?

 (これが私の考えですが、何か追加したいことはあります

か?)

●――話の腰を折らないように

　繰り返しになりますが、あまり質問をしすぎると、相手の話の腰を折ってしまう可能性があるので注意が必要です。細かいことを何度も聞きすぎて会話の全体像を見失ったり、相手が次のポイントに移りたいのに、余計なことにこだわりすぎてもいけません。また、質問によっては、相手の言っていることに疑義を唱えているように聞こえてしまうので、これも気をつけたいところです。

　質問だけで会話のラリーを回していくのではなく、しっかりと会話の要所要所に「That's a good point.」「That makes sense.」などの「受けの一言」を入れて、相手の話にポジティブな反応を見せておくことが必要です。その上で、失礼のないように「返しの一言」で質問して、会話のラリーを回していきましょう。

気まずい沈黙を避ける
ベストテクニック

●——いったい何を話せばいい？

ほろ苦い私の思い出の続編で、ちょっぴりブレイクを。

大学院生のころ、アメリカで友人の結婚式に参加したときのイメージです。知り合いが少なく、ちょっと居心地が悪い。周りは皆、楽しそうに話している。隣に座っていた女性に思い切って話しかけてみるが、気まずい雰囲気が漂い始める……。

> 私："Hi, I'm Tomohiro. You must be a friend of the bride?"
> Tomohiroと言います。花嫁の友達ですよね？
> (心の声：話を始めないと…)
> 女性："Oh, yeah, I am. I am Jessica. Nice to meet you."
> はい、そうです！　私はジェシカ。お目にかかれて光栄です。
> (少し驚いている様子)

> 私："Uh, I'm a friend of the groom. It's a beautiful wedding, isn't it?"
> えっと、花婿の友達です。きれいな結婚式ですね。
> (心の声：どうしよう…どうやって続ければいいんだ？)
> 女性："Yes, it is. The venue is really nice."
> はい。場所も本当にいいですね。
> (どう見ても気まずそう)
>
> (沈黙)
> 私：(気まずい相手を見て、さらに気まずくなる)
> (心の声：いったい何を話せばいいんだ？)

　ここからは、あのころの私も読者に据えて、進めていきましょう。
「いったいぜんたい、何を話せばいいんだ？」。それにお答えします。

●──スモールトークが役に立つ

　ここまでアクティブ・リスニングのテクニックと、便利な英語フレーズを解説してきました。しかし、そもそもどうやって会話を始めたらいいのでしょうか？
　ビジネスやプライベートで誰かと二人きりになって、沈黙が続く。何か話さなければと思うけれども、何を話せば

いいものか。気まずく携帯を覗き込む。それだけでやり過ごすことができずに、「こんにちは」と始めてみるが、一言二言で会話が終わり、沈黙が舞い戻る。気まずい。前述の結婚式のイメージは、まさにそんな状況です。

そんなときに役立つのが、「Small talk（スモールトーク）」のコンセプトです。

スモールトークとは、仕事の合間や日常のちょっとした会話のこと。深い議論や重要な内容ではなく、天気や趣味、最近の出来事など、軽くて誰でも話せるトピックが主な会話の内容になります。

スモールトークは、英語圏での人間関係を円滑にするための大切なコミュニケーション手段として認識されています。ビジネス[*6]でも、プライベート[*7]でも、その場でお互いが打ち解けるために最初に交わすちょっとした会話。緊張をほぐしたり、雰囲気を和らげたりすることにつながり、相手との関係性を構築するきっかけになる効果もあると言われています。

さらに最近では、スモールトークが心のウェルビーイングにつながることもわかってきています[*8]。スモールトークは、気まずさも解消し、心もウェルになる一石二鳥の英会話必須アイテムなのです。英語圏では日常的な文化の一部なので、急に天気の話をしたり趣味の話をしたとしても、「馴れ馴れしい」などと相手を不快にさせるような心配は

ありません。

このスモールトークをマスターするには、いくつかの適した話題と、話の切り出し方を覚えておく必要があります。話を切り出しさえすれば、ここまで説明してきたアクティブ・リスニングで会話のラリーを続けていくことができます。

◉──ちょっとした話題の切り出し方 ベストカテゴリー8

スモールトークに適したトピックと、それに合う話の切り出し方の例をリストアップします。以下の8つです。

1. **天気について**：誰とでも話しやすいトピックの一つです。急に切り出しても、全く自然なので、このパターンはぜひマスターしましょう。
    - It's a nice day, isn't it?
      （いい天気ですね。）

    - Did you hear about the storm coming?
      （嵐が来るって聞きましたか？）

2. **交通や通勤について**：相手がどうやってここまで来たかを聞いたり、交通事情について話すのも一般的なスモールトークです。

- How did you get here today?
  (今日はどうやってここに来ましたか？)

- Was traffic okay this morning?
  (今朝、交通渋滞は大丈夫でしたか？)

3. **週末や休暇の予定**：相手のプライベートを根掘り葉掘りと聞かない範囲で、週末や休暇についてサクッと聞くのは、気軽な会話を続ける秘訣です。

- Do you have any plans for the weekend?
  (週末の予定はありますか？)

- Did you go anywhere interesting over the holidays?
  (休暇中にどこか面白いところに行きましたか？)

4. **趣味や興味**：話が展開する可能性が高いトピックです。自分の趣味の話も準備しておくといいでしょう。ただ、初対面の人にいきなり聞くのはハードルが高いので、他のトピックで様子を見ながら切り出すのがいいでしょう。

- What do you like to do in your free time?
  (自由な時間には何をするのが好きですか？)

- Do you enjoy any sports?

（スポーツは何かやりますか？）

5. **最近のニュースやイベント**：時事的なトピックは、相手との共通点を見つけやすい話題です。「趣味や興味」のように相手のプライベートに入り込む必要もありません。ただ、時事ネタを英語でカバーできるだけの語学力が必要になります。

- Did you catch the news about...?

（……についてのニュースを見ましたか？）

- Have you been following the [sports team/news]?

（[スポーツチーム／ニュース] を追っていますか？）

6. **食べ物や飲み物について**：みんなが経験することなので、気軽に話を始められます。これもプライベートに踏み込んでしまう可能性はありますが、話題のレストランや食べ物という切り口なら時事ネタと同じように話せます。

- Have you tried that new restaurant in town?

（最近オープンしたあのレストランに行きましたか？）

- "What's your favorite type of food?"

(好きな食べ物は何ですか？)

7. **仕事や日常生活について**：仕事の場では、仕事関連の話題も自然に出てきます。非常にユニバーサルなトピックとして有効です。

- How's your day going?
（今日はどうですか？）

- Have you been busy lately?
（最近忙しいですか？）

8. **旅行について**：旅行が好きな人なら、話が広がる可能性が高いトピックです。ただ、「趣味や興味」と同じくプライベートに踏み込むリスクがあるので、少し他のトピックを話して相手をある程度理解できてから、様子を見て話題にするのがいいでしょう。

- Have you been anywhere exciting recently?
（最近どこか面白いところに行きましたか？）

- Do you have any plans to travel soon?
（近いうちに旅行の予定はありますか？）

◉──備えあれば沈黙なし

以上のリストから3、4個自分の気に入ったものを覚えて使うようにすると、スモールトークの習慣が自然に身につきます。仮に一つの話題が終わったとしても、スモールトークを差し挟むことで、次の話題に進められます。たとえちょっとした沈黙が訪れたとしても、恐れることなく、会話のラリーを続けていくことができるのです。

　特に、口下手で気まずい沈黙によく遭遇するという方は、英語だけでなく日本語でも、自分の会話ツールの引き出しにいくつかスモールトークネタを仕込んでおくことがおすすめです。話題とその切り出し方をすでにいくつか持っているというだけで、自信を持って会話のラリーに飛び込むことができますから。いくつかのスモールトークを押さえておくだけで、会話の気まずい沈黙とは無縁になるのです。

＊6　Methot JR, Rosado-Solomon EH, Downes PE, Gabriel AS (2021) "Office Chitchat as a Social Ritual: The Uplifting Yet Distracting Effects of Daily Small Talk at Work." *AMJ*. 64:1445-1471.
＊7　McCarthy M (2000) "Mutually captive audiences: Small talk and the genre of close-contact service encounters." In J. Coupland (Ed.), *Small talk* (pp. 84-110). Harlow, UK: Pearson Education.
＊8　Ascigil E, Gunaydin G, Selcuk E, Sandstrom GM, Aydin E (2023) "Minimal Social Interactions and Life Satisfaction: The Role of Greeting, Thanking, and Conversing." *Social Psychological and Personality Science*. 0 (0). https://doi.org/10.1177/19485506231209793

さらっと断る
カジュアルフレーズ

●──キツく聞こえてしまう断り方には要注意

　Stage 3の締めくくりとして、「断り方」を取り上げます。会話の沈黙も気まずいものですが、それよりもモヤッとする瞬間が、相手からのリクエストやオファーを断るときです。

　断る意図はしっかり伝えなくてはいけないけれど、相手のせっかくの申し出を軽んじたくないし、必要以上に傷つけたり怒らせたりしてしまってトラブルになるのも避けたい。だからといって曖昧に答えてしまうと、相手に期待を持たせてしまい、自分もずるずると断れなくなり、お互いに時間やお金を浪費してしまうかもしれない。

　やはり、相手のためにも自分のためにもしっかりと意図を伝えなくてはいけないわけで、いかに丁寧に失礼なく断れるかが大事なところです。

　この辺りは、ビジネスメールでの断り方をStage 2で解説しましたが、ビジネスでの明晰な断り方を日常生活にそのまま持ち込んでしまうと、やはりちょっとキツい印象に

なりがちなので要注意です。

　例えば、レストランや飛行機など、「Would you like something to drink?」に「いらないです」とさらっと何気なく断る場合。シンプルに「No, thanks.」や「I'm good. Thanks!」などの言い方があります。

　後者はあまり馴染みがないかもしれませんが、非常によく使います。直訳すれば「私はいいです」となりますよね。日本語でも「いらない」ときは「いいです」と言いますが、そのくらいのカジュアルな断り方に使います。このように食べ物やサービスの提供が前提の場所で、サクッと「いらない」と答えるのは全く問題ありません。

　また、商品のセールスや宣伝の場などで、相手の押しが強く、しっかりと意思表示したいときは「I am not interested.」（興味ないです）とか「I don't need it.」（いらないです）などとはっきり言わなくてはいけない場合もあるでしょう。

　しかし、同じ表現を使っていても、同僚や知り合い、友達に誘われたとき、以下のような断り方ではちょっとかわいそうです。

知り合い：Would you be interested in joining us to go to the new restaurant this evening?
（今夜みんなで新しいレストラン行かない？）

自分：No, thanks! I am not interested.
　　　（いいです。興味ないです）

　日本語訳を読んでみても感じられると思いますが、こちらの断り方はちょっと唐突で、かなり「嫌です」オーラが出てしまっています。もちろん言い方にもよりますが、もう少しフレンドリーに失礼なく、柔らかく断りたかったら、どんな表現を使ったらいいでしょうか？

◉──丁寧な断り方の基本

　丁寧な断り方のお手本は、「いいね」→「ごめん」→「またね」です。例えば、先ほどの会話で丁寧に断りたい場合はこんな感じになります。

知り合い：Would you be interested in joining us to go to the new restaurant this evening?
　　　（今夜みんなで新しいレストラン行かない？）
自分：I'd love to go, but I have a prior commitment this evening. Maybe next time!
　　　（ぜひ行きたいのですが、今晩先約があります。もしかしたら次回は！）

　まずは「I'd love to go」で相手の誘いに気持ちとして

は好感触があることを示しています。「いいね」の部分です。そこから、「先約がある」とスマートに断っています。それから「次回は！」として、別の機会があればもしかして行けるかも、と言っています。

毎回このように言わなくてはいけないわけではありませんが、なるべく丁寧に答えたい場合には「いいね」→「ごめん」→「またね」の3STEP攻略法がおすすめです。一方、友達や家族などの親しい間柄や、よりカジュアルな場合には、「いいね」か「またね」のステップを省略しても問題ないでしょう。

◉──便利な断り方のフレーズ

「いいね」→「ごめん」→「またね」の基本形それぞれのパートに、便利なフレーズをご紹介しましょう。

まずは、お誘いを断る場合の便利フレーズです。同僚に飲み会に誘われたり、友達にイベント参加を促されたり。そんなお誘いを友好的に断る際に役立つ表現です。

「いいね」

- I'd love/like to, but...
  （やりたいのですが…）

- It's a great idea/opportunity, but...

(素晴らしいアイデア／機会ですが……)

- It sounds interesting, but...
 (興味深いのですが……)

「ごめん」

- I'd have to pass this time.
 (今回はパスしないといけません)

- I am already booked at that time.
 (もうその時間は予定があります)

- I have a prior commitment.
 (先約があります)

「またね」

- Maybe next time!
 (次はもしかしたら！)

- Let's try another day!
 (違う日にやりましょう！)

- I'd love to do it another time.
 (他の日にやりたいです)

- Please keep me in mind for next time.
   (次回も仲間に入れてください)

　次は、食べ物や飲み物、ギフトなどすすめられたものを断るときの便利フレーズです。バーでお酒をオファーされたり、パーティーのとき食べ物をすすめられたときなど、いろんな場面で丁寧に断ることができます。

「いいね」

- Thank you for asking, but...
   (聞いてくれてありがたいのですが……)

- I greatly appreciate, but...
   (とても嬉しいのですが……)

「ごめん」：食べ物や飲み物、他に何かすすめられたものを断る

- I am good for now.
   (今はいいです)

- I don't need it right now.
   (今はいらないです)

オファーを断ってからの「またね」

- Thank you anyway!

  (いずれにせよ、ありがとう！)

- Maybe later...Thanks!

  (後でもしかしたら……ありがとね！)

●──うまい会話の終わらせ方

　最後にもう一つ、気まずい会話の場面についてお話ししておきましょう。それは、会話を終わらせなくてはいけないとき。誰かとばったり会って、立ち話。でも次の場所に行かないといけない。イベントやパーティーで話し始めたものの、他の人とも話したい。でも、相手がノリノリでしばらく続いてしまいそう。

　そんなときには、自然な会話の終わりを待つよりも、自分で会話を終わらせなくてはいけません。とはいえ、突然話をやめて歩き去るわけにもいかないので、どうやったらいいのでしょう？

　会話を終わらせるときも、アクティブ・リスニングのマインドが非常に有効です。相手の話を聞いているだけでは、相手の話が終わるまでそこにいなくてはいけません。そうではなくて、相手の話に、合いの手を入れたり、コメントをして参加することで、自分の順番を作り上げる。会話の

中で自然に「マイク」を受け取ってから、会話の終わらせフレーズを出します。

　定式化すれば、「合いの手」→「さよなら」で、会話を終わらせることができます。

「合いの手」の部分はアクティブ・リスニングの「合いの手」「共感」「パラフレーズ」などを使って、相手の話したことに少しだけ言及します。「なるほど」「同じように感じます」「……ということですね。面白い！」などとまずはサクッと話に入ります。もちろん、ここではラリーを続けるための質問は避けなくてはいけません！

　いったん相手の話に合いの手を入れたら、間髪入れず、以下のような「さよなら」フレーズを言って立ち去りましょう。場面別の例で紹介していきます。

　まず、パーティーやイベントで誰かに捕まってしまったけれども、辺りをもっと散策したいとき。合いの手から断り（太字の部分）までの一連のコメントは、以下のようになります。

> Oh, that story is so interesting. I love it very much. **Anyhow, it was great chatting with you! I would now like to wander around a little more. Thank you for your time!**
> （おー、その話は興味深い、とってもいいですね。**それはともかく、お話できて良かったです！　これから少し散策**

しようと思います。お時間ありがとうございました！）

　誰か他の人と待ち合わせなどをしていたら、以下のように言うこともできます。

> I'd feel that way too in that circumstance. **Well, I now need to look for my friend. Thank you for the fun conversation! I will talk to you later.**
> （自分でもそうなったらそう感じてしまうでしょう。そろそろ友達を探さないといけません。楽しい会話をありがとうございます。また後ほど！）

　会議や仕事に行かなくてはいけないときは、その旨を直接伝えましょう。

> Interesting! **Now, sorry, I need to run to my next meeting, but it was wonderful talking with you. Thank you!**
> （興味深いですねえ。さて、申し訳ない、次の会議に行かないといけないです。話せて良かったです。ありがとうございます！）

　バーやパーティーで飲みながら、他の人とも話したいとき、どこに行くあてもなければ、以下のように言うのもア

リです。

> That's a great point. I definitely agree. **Well, this conversation has been fascinating, but I should now get another drink. Thank you for the conversation!**
> (良いポイントです！　完全に同意見です。**さてと、この話、本当に素晴らしかったです。でもそろそろもう一杯ゲットしなきゃ。お話ありがとう！**)

相手の話に「合いの手」でマイクをいったん受け取ってから、「ごめん」のテンプレートで、うまく話を終わらせる。ビジネスやプライベートで、スマートなこなし方を身につけましょう。

*

いかがだったでしょうか。このStage 3ではラリーの続く英会話の攻略法を解説してきました。

相手の話にうまく反応することで、会話のマイクを握って、そこから、共感やパラフレーズ、質問で相手のコメントをアシスト。マイクを取って会話の主導権を握ったら、うまく断ったり、会話を終わらせることもできる。

話を自分から始めなくてはいけないときは、手持ちのスモールトークで会話を続けて、そこからのラリー英会話。

ぜひ、Stage 3で見てきたアクティブ・リスニングベー

スの英会話をマスターして、途切れない英会話をお楽しみいただければと思います!

おわりに

　本書を最後まで読んでいただきありがとうございます。
　日本人である私たちが数々の難しい局面をクリアしながら、英語を使いこなせるようになるためには、どうしたらいいのか？
　英語を学んでいく上で意識するべきゴールデンルール、ビジネス英語のノウハウ、プライベートでの会話のラリーの方法などを中心に、考え方、便利な表現、勉強法をひもといてきました。
　皆さんの今後の英語学習に役立てていただければ、著者冥利に尽きます。

　私が「英語の壁」を自分なりに乗り越えられたきっかけの一つに、高校のときのある気づきがあります。

　私のクラスの担任になった先生は、小さいころアメリカで育った帰国子女で、英語も日本語もとても流暢でした。
　あるときふと気になったのが、その先生が英語を話しているときと日本語を話しているときとでは、まるで別人の

ように感じられるということでした。先生が日本語で喋っているときは、ふんわり柔らかく優しいものごし。英語で話しているときは声のトーンも一段下がり、ビジネスライクな雰囲気が漂っていたのです。

それに気づいてから、よくよく周りにいた帰国子女のクラスメートたちを見てみると、やはり、英語を話しているときと日本語を話しているときの印象が異なっている。

日本語で喋っているときはちょっと「陰キャ」な友達も、なんだか帰国子女同士で英語で喋っているときは、むちゃくちゃ「陽キャ」のノリ。そんな場面によく出くわしたのでした。

そうか、英語を学ぶということは新しい自分を生み出すプロセスなんじゃないんだろうか？ 英語が話せるようになったとき、日本語の自分に加えて、新しい「英語の自分」に出会えるのではないだろうか？

それまでの私は日本語で考えたことを、いかに正確に英語に訳すか、というマインドで英語に向き合っていました。それがゆえに、簡単な英語のフレーズがなかなかパッと出てこない。

発音もなんだか頑張りすぎているように思われては恥ずかしいので、わざといつもの自分のノリで日本語発音を心がけていました。「run」や「the」などの「r」や「th」の音はわざと日本語発音ぽく「ラン」とか「ザ」とか発音

したりしていました。

　そんな私が、英語と日本語をうまく使っている人たちの「別人」っぷりを体感したとき、新しい言葉を学んでいるのに、これまでの自分の殻に閉じこもっている必要はないんだな、と感じたのです。

　むしろ、「新しい自分を生み出す」というようなマインドで行けばいい。英語を学んで、自分を磨いて成長していく。英語を使って、新しい人に出会い、新しい体験をして、新しい自分を生み出していく。英語を学ぶことは今までの自分を"通訳"することではなく、英語を学ぶことで、全く新しい自分を生み出すことができるんだ。

　そんなふうに思うようになり、英語を学ぶのが改めてワクワク楽しく感じられたのを記憶しています。まさに、「英語で脳を活かせる」と実感した瞬間でした。

　英語を学ぶ目的は何か？　それは目前のゴールとしては、受験に役立てたり、仕事に使ったり、資格を取って手に職をつけたりすることなのかもしれません。しかし、テスト科目としての英語や、スキルや資格のための英語を求めている限りは、使える英語が身につくことはありません。

　英語を学ぶ。それを使って新しい仲間とつながる。新しい体験をする。そこからまた新しい英語の学びを求める。英語を学ぶことで、新しい自分の可能性を発見し、その新

しい自分を生み出していくプロセスを楽しんでいければ、きっとそこに本当の使える英語を身につけるチャンスが訪れると信じています。

　最後に、この企画を支えていただきました皆さんにいっぱいの感謝を申し上げます。特に、今回の企画を提案いただきました編集者の大場葉子さん。いつも素早く、ためになる編集、コメントをいただきました。それと何より、いつも明るく褒めながら、元気づけていただきありがとうございます。

　それから、この場を借りて父と母にも感謝をさせてください。小さいころからいろんな体験を積み重ねさせてもらい、やりたいことはいつでもサポートしてもらった。何より、たくさんの人たちとのつながりの中で、生きていくことを教えてもらった。そうやって育ててもらえたからこそ、日本の小さな商店街の花屋に育った私が、人種のるつぼにある教育フロンティアに飛び込むことができた。自分なりに英語の壁を乗り越えることができた。お母さん、お父さん、本当にどうもありがとう。

　　2024年秋　真っ青な空に旅立っていった母に捧ぐ
　　　　　　　　　　　　　　　　　　　　星　友啓

巻末付録

プロンプト①長文読解問題

CEFR B2レベル相当のリーディング長文とそれに基づく4つの問題を作成しました。解答を記入してください。

〈長文〉

The Importance of Sleep

In today's fast-paced world, many people sacrifice sleep in order to meet the demands of work, family, and social obligations. However, sleep is not a luxury, but a necessity for maintaining good health and well-being. Numerous studies have shown that getting enough sleep is crucial for cognitive function, emotional stability, and physical health.
Sleep helps the brain process and store information, making it essential for learning and memory. Without adequate sleep, concentration and decision-making abilities are impaired, leading to mistakes and accidents. Furthermore, sleep deprivation has been linked to a variety of health problems, including obesity, heart disease, and

weakened immune function.

In addition to its physical and cognitive benefits, sleep also plays a key role in regulating mood. A lack of sleep can make people more irritable and prone to stress, anxiety, and depression. On the other hand, getting sufficient rest can improve emotional resilience and help people cope better with challenges.

Despite its importance, many people do not prioritize sleep. Factors such as long working hours, excessive use of electronic devices, and poor sleep habits contribute to the widespread issue of sleep deprivation. To improve sleep quality, experts recommend establishing a regular sleep schedule, creating a relaxing bedtime routine, and minimizing exposure to screens before bed.

Ultimately, making sleep a priority is essential for leading a healthy and balanced life. By recognizing the importance of sleep and taking steps to improve sleep habits, individuals can enhance their overall well-being and performance in all areas of life.

〈問題1〉 理解力を問う問題

質問：According to the text, what are three benefits of getting enough sleep ?

〈問題2〉 選択肢問題

質問：Which of the following is NOT mentioned as a consequence of sleep deprivation?
a) Increased risk of heart disease
b) Difficulty concentrating
c) Lowered emotional resilience
d) Improved learning ability

〈問題3〉 穴埋め問題

質問：To improve sleep quality, experts recommend _____ a regular sleep schedule, creating a relaxing bedtime routine, and minimizing exposure to screens before bed.
a) disrupting
b) neglecting
c) establishing
d) ignoring

〈問題4〉 理解力を問う問題

質問：What are some factors that contribute to sleep

deprivation, according to the text ?

【答】(1) cognitive function, emotional stability, and physical health.
(2) d (3) c (4) working hours, excessive use of electronic devices, and poor sleep habits.

プロンプト②リスニング問題

リスニング問題の音声は直接お伝えできませんが、代わりにCEFR B2レベル相当のリスニング問題のシナリオをテキスト形式で提供し、その後に理解に関する選択問題を出します。実際のリスニングシチュエーションをイメージしながら問題に挑戦してみてください。

〈銀行業務に関する場面の会話〉

Customer: Hi, I'd like to open a savings account, please. Could you guide me through the process?

Bank Clerk: Of course. I'll need you to fill out this form with your personal details. Also, you'll need to provide a valid ID and proof of address. Do you have those with you?

Customer: Yes, I have my passport and a utility bill. What is the interest rate for the savings account?

Bank Clerk: Currently, our savings account offers an interest rate of 1.5% per annum. However, this rate can change depending on market conditions. You can also opt for a fixed deposit account, which offers a higher interest rate but requires you to lock your money for a set period.

Customer: That sounds interesting. How long would I need to lock my money in a fixed deposit account?
Bank Clerk: The minimum term is six months, and you can choose a term of up to five years. The interest rate for a one-year fixed deposit is 2.0%.
Customer: I see. I'll think about that.
Bank Clerk: Perfect. Let's get your account processed for you.

〈問題1〉 理解力を問う問題

質問1：選択肢問題

What does the customer want to do first?
a) Report a lost debit card
b) Open a savings account
c) Make a deposit
d) Inquire about the interest rate

質問2：選択肢問題

What is the current interest rate for the savings account?
a) 1.5%
b) 2.0%

c) 3.0%
d) 0.5%

質問 3：選択肢問題

What does the bank clerk say about the fixed deposit account?

a) It has a lower interest rate than the savings account.

b) The minimum term is one year.

c) You can choose a term of up to five years.

d) The interest rate is fixed at 1.5%.

【答】 (1) b (2) a (3) c

星　友啓 ほし・ともひろ

1977年、東京生まれ。スタンフォード・オンラインハイスクール校長。哲学博士。Education; EdTechコンサルタント。2001年、東京大学文学部思想文化学科哲学専修課程卒業。02年より渡米、03年、テキサスA&M大学哲学修士修了。08年、スタンフォード大学哲学博士修了後、同大学哲学部講師として論理学で教鞭をとりながら、スタンフォード・オンラインハイスクール・スタートアッププロジェクトに参加。16年より校長に就任。現職の傍ら、哲学、論理学、リーダーシップの講義活動や、米国、アジアにむけて、教育及び教育関連テクノロジー（EdTech）のコンサルティングにも取り組む。著書に、『スタンフォード式 生き抜く力』（ダイヤモンド社）、『スタンフォードが中高生に教えていること』『「ダメ子育て」を科学が変える！ 全米トップ校が親に教える57のこと』（共にSB新書）、『脳科学が明かした！ 結果が出る最強の勉強法』（光文社）、『全米トップ校が教える自己肯定感の育て方』『脳を活かすスマホ術 スタンフォード哲学博士が教える知的活用法』（共に朝日新書）、『スタンフォード・オンラインハイスクール校長が教える 子どもの「考える力を伸ばす」教科書』（大和書房）、『スタンフォード大学・オンラインハイスクール校長が教える 脳が一生忘れないインプット術』（あさ出版）がある。【公式サイト】https://tomohirohoshi.com/

企画協力　　長倉顕太

イラストレーション　　谷口正孝

本文デザイン　　神田昇和

朝日新書
980

脳を活かす英会話
スタンフォード博士が教える超速英語学習法

2024年12月30日第1刷発行

著 者	星　友啓
発行者	宇都宮健太朗
カバーデザイン	アンスガー・フォルマー　田嶋佳子
印刷所	TOPPANクロレ株式会社
発行所	朝日新聞出版

〒104-8011　東京都中央区築地 5-3-2
電話　03-5541-8832（編集）
　　　03-5540-7793（販売）
©2024 Hoshi Tomohiro
Published in Japan by Asahi Shimbun Publications Inc.
ISBN 978-4-02-295289-9
定価はカバーに表示してあります。

落丁・乱丁の場合は弊社業務部(電話03-5540-7800)へご連絡ください。
送料弊社負担にてお取り替えいたします。

朝日新書

子どもの隠れた力を引き出す
最高の受験戦略
中学受験から医学部まで突破した科学的な脳育法

成田奈緒子

現代は子どもにお金と時間をかけすぎです！ 中学受験はラクに楽しく始めましょう。発達障害や引きこもりなどで筆者のもとに相談に来る子ども達の多くは、幼少期から習い事やハードな勉強をしていた。自分から「勉強したい」という気持ちが驚くほど高まる、脳を育てるシンプルな習慣。

日本人が知らない世界遺産

林　菜央

街並み、海岸、山岳鉄道……こんなものも世界遺産‼︎／選ばれたために改築・改修ができなくなる／選挙事情に巻き込まれることも／ベトナムの洞窟で2日連続の野宿……世界遺産の奥深い世界と、日本人唯一の世界遺産条約専門官の波乱万丈な日々。遺産登録、本当にめでたい？

中高年リスキリング
これからも必要とされる働き方を手にいれる

後藤宗明

60歳以降も働き続けることが当たり前になる中、注目を集めるリスキリング。AIによる自動化、デジタル人材の不足、70歳までの継続雇用など、激変する労働市場にあって、長く働き続けるには何をどう変えていけばいいのか。実体験をふまえた対処法を解説する。

朝日新書

8がけ社会
消える労働者 朽ちるインフラ

朝日新聞取材班

2040年に1100万人の労働力が足りなくなる。迫り来る超人手不足の社会とどう向き合うか。取材班が現場を歩き実態に迫り打開策を探る「朝日新聞」大反響連載を書籍化。多和田葉子氏、小熊英二氏、安宅和人氏、増田寛也氏ほか識者インタビューも収録。

ロシアから見える世界
なぜプーチンを止められないのか

駒木明義

プーチン大統領の出現は世界の様相を一変させた。ウクライナ侵攻、子どもの拉致と洗脳、核攻撃による脅し……世界の常識を覆し、蛮行を働くロシアの背景には何があるのか。ロシア国民、ロシア社会はなぜそれを許しているのか。その驚きの内情を解き明かす。

電話恐怖症

大野萌子

「電話の着信音がなると動悸がする」「電話を人に聞かれるのが嫌」。近年、電話恐怖症が原因で心身症状が現れ、退職にまで追い込まれる若者が増えている。その背景には何があるのか。電話が嫌いでたまらない人へ、今日からできる対策法。大丈夫、きっと治せます。

裏金国家
日本を覆う「2015年体制」の呪縛

金子 勝

「裏金」がばらまかれ、言論を封殺し、縁故主義による仲間内資本主義（クローニーキャピタリズム）がはびこる日本社会。民主主義を破壊し、国際競争力を低下させ、経済の衰退を招いた「2015年体制」とは。負のらせん状階段を下り続ける、この国の悪弊を断つ。

朝日新書

宗教と政治の戦後史
統一教会・日本会議・創価学会の研究

櫻井義秀

安倍派と蜜月の統一教会、悲願の改憲をめざす日本会議、自民党とともに政権を握る公明党＝創価学会。草の根的な活動から始まった"3大団体"はいかに政界に近づき、社会を動かし、日本の姿をゆがめてきたのか。戦後政治史上最大のタブーに、第一人者が鋭く迫る。

デジタル脳クライシス
AI時代をどう生きるか

酒井邦嘉

デジタル機器への依存がもたらす脳への悪影響は、AIの登場でますます高まっている。「手書きの場合とタブレット入力後の脳活動の差」「見開き提示による選択的注意や共感度の差」など、脳科学の研究成果に基づき、AIを規制し読書を取り戻す必要性を説く。

「黒塗り公文書」の闇を暴く

日向咲嗣

モリカケなどの重大事件で注目を集めた黒塗り公文書だが、実は、地方自治体レベルでも日常的に黒塗りは行われている。市民が開示を求めた情報をどうして行政は黒塗りにするのか、黒塗りが許される理由は何か。黒塗りで隠された官民連携の闇に迫る。

戦国時代を変えた合戦と城
桶狭間合戦から大坂の陣まで

千田嘉博／著
平山　優／著
鮎川哲也／構成

浜松城、長篠城、小牧城、駿府城、江戸城、大坂城——歴史を変えた合戦の舞台となった城で何がわかってきたのか。研究を牽引する二人が城の見どころを熱く語り、通説を徹底検証。信玄、信長、家康、秀吉ら武将の戦術と苦悩を城から読み解く。

朝日新書

死の瞬間
人はなぜ好奇心を抱くのか

春日武彦

人はなぜ最大の禁忌〝死〟に魅了されるのか？　その鍵は「グロテスク」「呪詛」「根源的な不快感」にある。精神科医である著者が、崇高でありつつも卑俗な魅力を放つ〝死〟にひかれてしまう複雑な心理を、小説や映画の読解を交えて分析。

限界の国立大学
法人化20年、何が最高学府を劣化させるのか？

朝日新聞「国立大の悲鳴」取材班

国立大学が法人化されて20年。この転換とその後の政策は大学にどんな影響を及ぼしたのか。朝日新聞が実施した学長と教職員へのアンケートに寄せられたのは悲鳴に近い声だった。東大の学費値上げの背景など国立大学で起きている真相に迫る。

遺伝子はなぜ不公平なのか？

稲垣栄洋

なんの結果も出せないとき、自分の努力不足や能力のなさを呪ってはいけない。それは全部遺伝子のせいだ。あなたの存在は、進化の過程で生き残ってきた優秀な遺伝子にほかならない。懸命に生きるあなたへ贈る、植物学者からの渾身の努力論。

朝日新書

底が抜けた国
自浄能力を失った日本は再生できるのか？
山崎雅弘

専守防衛を放棄して戦争を引き寄せる政府、悪人が処罰されない社会、「番人」の仕事をやめたメディア、不条理に従い続ける国民。自浄能力が働いていない「底が抜けた」現代日本社会の病理を、各種の事実やデータを駆使して徹底的に検証！

蔦屋重三郎と吉原
蔦重と不屈の男たち、そして吉原遊廓の真実
河合 敦

蔦重は吉原を基点に、黄表紙や人情本、浮世絵など次々と大ヒットを生み出した。いっぽう幕府による弾圧にもめげず、歌麿や写楽に大首絵を描かせたり、政治風刺の黄表紙を出版するなど、反骨精神あふれる蔦重の生涯を天才絵師、戯作者たちと共に描く。

脳を活かす英会話
スタンフォード博士が教える超速英語学習法
星 友啓

世界の英語の99.9％はナマっている。だからこそ脳の欲求の赴くままに自分なりの英語で世界と遊べ！ 脳科学や心理学、AI時代のアイテムを駆使して、コスパ良く楽しくネイティブと話せる術をスタンフォード・オンラインハイスクール校長が伝授。

子どもをうまく愛せない親たち
発達障害のある親の子育て支援の現場から
橋本和明

「子どもには愛情を」。児童相談所の一言が、なぜ虐待を加速させたのか？ 発達障害のある親は育児で大変な苦労をすることがある。虐待やネグレクトが起きてしまう実態と対策をする豊富な実例とともに紹介。子育ては愛情ではなく、技術である。

ほったらかし快老術
90歳現役医師が実践する
折茂 肇

元東大教授の90歳現役医師が自身の経験を交えながら、快い老い方を紹介する一冊。たいていのことはほったらかしてよく、大切なのは生きがいと骨。落ち目同士で群れない、手抜きしないでオシャレをする…など10の健康の秘訣を掲載。